一生使える 成果が上がる! 話し方の教科書

一般社団法人話力総合研究所　理事長
秋田義一

現代書林

はじめに

なんとも生きにくい世の中です。かの文豪、夏目漱石（1867～1916）が小説『草枕』の冒頭に記しています。

「山路を登りながら、こう考えた。智に働けば角が立つ。情に掉させば流される。意地を通せば窮屈だ。とかくに人の世は住みにくい」

『草枕』は明治39年（1906年）に発表されています。それから100年以上、時代は進んだはずです。しかしながら、人と人のかかわりはますます希薄になって、「住みにくい」を通り越して、いまや「生きにくい」時代と言っても過言ではないでしょう。

ドイツの児童文学作家ミヒャエル・エンデ（1929～1995）は、次のように言っています。「今の科学の理論には人間が出てこない。人間を無視した科学の成果は、やがて人間を排除する方向に働く。人間を無視しない科学とその思考が必要だ。人間の尊厳を考慮している科学、科学者は常にこれを意識しなければならない」

$E=mc^2$の方程式から原子爆弾が生まれました。そのような特別なことをあげるまでもなく、私たちの身近な日常すら人を排除する方向に刻々と進んでいないでしょうか。少し言いすぎだとすれば、言い換えましょう。社会全体として、人を無視する傾向が徐々に徐々に強まっているように思えてなりません。たいへん心配です。

電車内であった出来事です。

座っている男性の両側に多少の空間があります。詰めれば人が一人十分に座れる程度です。その前に男性が一人立っています。どうも座りたいような表情を浮かべています。しかし、無言で立っています。

一言「ちょっと詰めてくださいませんか?」と言えばすむはずです。ことばをかけないということは、結果として相手を無視していることになりますね。

座っている男性はといえば、スマートフォンの操作に夢中です。ゲームをしているのでしょうか。前に人が立っていることには気づいているはずです。しかし、無言でゲームをしています。共感性がないですね。

ちょっと詰めて、「どうぞ」と声をかけてあげればすむはずです。結果として、相手を無視しているのです。これは、ほんの一例にすぎません。このような出来事が社会で起こっているのです。

普段の生活の中で、「共感性ゼロとコミュニケーション力ゼロ」の人間関係が増えてきていませんか。皆さんの周りはいかがでしょうか？

現代はＡＩ（人工知能）が発達してきています。すさまじい勢いです。その社会を「ＡＩ社会」、その時代を「ＡＩ時代」と呼ぶ専門家が現れています。「ＡＩ時代に求められる究極の能力はコミュニケーション能力」と言う専門家の話を聴きました。「必要な能力」を超え、「究極の能力」だそうです。それだけ、社会全体が人とかかわるために必要なコミュニケーション能力に不安を感じているのではないでしょうか？

ここで私のこれまでの歩みを紹介したいと思います。

私は大学を出て、某有名企業のソフトウェア部門にエンジニアとして勤務しました。もう40年以上前のことです。

当時最も苦労したのは、上司や先輩、部下や後輩など、同僚との付き合いでした。仕事を適切に進めるため、自分の考えを正しく伝えなければなりません。協力関係を強めていかなければなりません。しかし、なかなか思いが伝わらない。思うように動いてもらえない。そうしたもどかしさから、同僚との関係がなんとなくぎくしゃくしてしまいました。

そして部下には厳しくあたりました。毎日のように叱りつけていたように思います。

「決めればできる。その覚悟が足りないんだ。結果が出るまでやるんだ」などと叱り、今でいうところのパワハラにあたるような叱り方でした。これではいけないと思いました。また、経験を積むにつれ、おおぜいの前で話す機会も増えました。日ごろ、偉そうなことを言っていましたから、おおぜいの前で話すときに失敗はできません。部下に弱みを見せるわけにはいきませんでした。

現状を変えねばと思いました。ちょうどそのような時期に、新任管理職研修を受けました。外部講師として登壇した話力研究所（当時）の講師の話を聴いて、「これだ！」と思いました。

まずは自身の話し方を改善し、コミュニケーション能力を高める。研究所の門をたたき、コミュニケーション（話す・聴く）の勉強を始めました。仕事をしながら、コミュニケーション能力を高める理論を学び、実践で試してみる。それを繰り返しました。

それまで、話をしようと後輩や部下に近づくと、相手が逃げ腰になっているのがわかりました。表情や言動からそのことを感じますから余計にカリカリします。感情をぶつけてしまいます。時には「鬼！」などとののしられることもあったように思います。

コミュニケーションの勉強を始めてから、徐々に変わり始めます。成果が表れ始めます。

逃げ腰だった周囲が変わってきます。相手のほうからいろいろと尋ねてきたり、知らせてくれたり、相談に来るようになってきました。

今思えば、自分が変わり出したのでしょう。話し方、聴き方、部下への接し方が少しずつ変わったのだと思います。以来、30年以上にわたり、日常生活での実体験を踏まえ研究活動を続け、企業研修や講演会などでコミュニケーション能力を高める方法について話しています。

天台宗の開祖、最澄（伝教大師、767〜822）は、比叡山延暦寺を建て、多くの優秀な若い僧を育てました。浄土宗の開祖 法然も、浄土真宗の親鸞も、曹洞宗の道元も、日蓮宗の日蓮も、そうそうたる偉人が若いころ、この延暦寺で学んだのです。最澄は育成方針の一つとして「忘己利他《もうこりた》」を掲げました。自身（己）を忘れ、他（他人）を生かすという意味だと理解しています。

私もこの精神を心がけ、多くの皆さんとともに、コミュニケーション能力を磨いていきたいと思っています。幸いにも、私どもの手元には、70年以上の歳月をかけ、日本の文化、日常の中で積み上げてきた、コミュニケーション能力を磨くための体系だった「話力《わりょく》理論」があります。私は話力理論を学び、日常や仕事において実践してきた経験を基に、企業・行政・学校関係者向けのコミュニケーション研修や講演活動を30年間続け、日本全国でコミュニケーション能力を高めることの大切さを訴えてきました。こうした活動を続けてきまして、多くの参加者から「先生の本を出版されないのですか」「先生の本を出してほしい」などの要望を多くいただいてきました。

また、私が理事長を務める話力総合研究所の仲間からは「研究所のトップなのだから、著書を持たなければいけませんよ」などと言われてきました。これまでは、忙しいことを理由にしていましたが、こうした声に背中を押され、また現代書林さんとのご縁があり、このたび上梓することができました。

本書は社会人として身につけるべきコミュニケーション能力を向上させるための基本的な事柄を体系的にまとめています。単にうまく話すための方法を明らかにしているばかりではありません。話して「成果」を上げるためにはどうすべきかに重きを置いています。これは私の師、話力総合研究所の顧問である永崎一則の「話力理論」に基づくものです。

私は話力講座や企業研修において、社会で活躍している皆さんが生かせるように、「話力理論」を解説し、指導しています。このたび、その内容を整理し直し、本書で紹介しています。本書のタイトルにあるように「一生使える」内容をめざしてまとめ、社会人1年目などの若手ビジネスパーソンだけではなく、中堅社員、マネジメント職、経営者など、幅広い皆様の参考になるものと信じています。

ハウツーだけでは応用が利きません。本書ではそれぞれのビジネスシーンに応じた考え方も明らかにしています。状況に応じた正しい考えを持てば、どのような事態にも対応できるようになります。

本書を読んで実践で試してみることを繰り返していくことで、普通に話しても成果を上げることができるコミュニケーション能力を身につけられます。

本書の内容を職場や日常生活で実践してください。皆さんとともに成果を上げていきたいと思います。

「ともに学ぼう！　よりよく生きるための理論を‼」

ぜひ、ともに学んでいきましょう。

２０２１年10月

一般社団法人話力総合研究所　理事長　秋田義一

chapter 2

職場で好意的な人間関係を築くために

8つの原則について知る

chapter 3

話は「話し手」と「聴き手」の共同作業

話の効果とは何か

chapter 4

「感じよく」「正確に」「わかりやすく」

話の効果を上げる表現の三原則

chapter 5

傾聴力を磨け

聴く力が仕事の成果を左右する

chapter 6

ビジネスコミュニケーションの要《かなめ》は説明力！

「指示」「依頼」「説得」「報告」「称賛」「忠告」は6大要素

chapter 7

効果的に知らせる報告のしかたを磨け

正確に、簡潔に、タイミングよく「知らせる」

chapter 8

説得力を磨け

説得のしかた、受け方、断り方

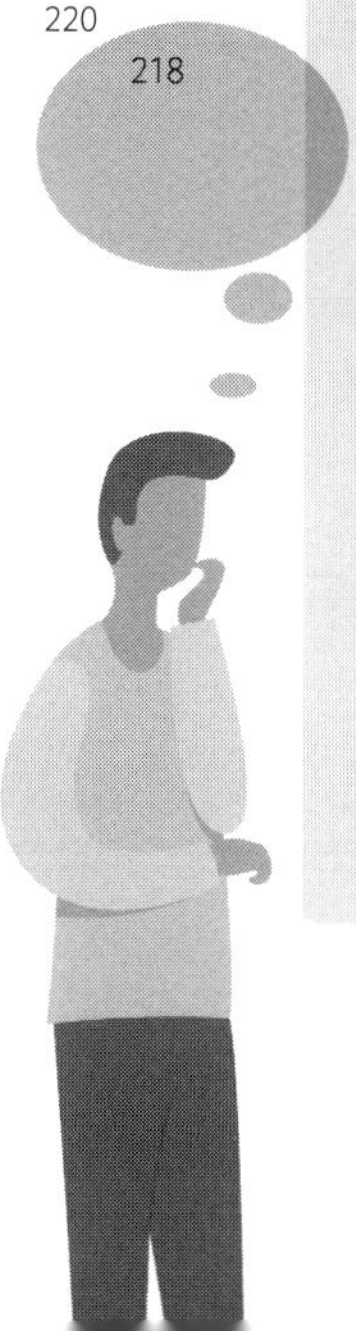

chapter 9

人を育てる称賛と忠告
ほめて、叱って、またほめよ

プロローグ

話すことについて考える

そもそも話は何のためにする?

日本経済団体連合会（経団連）は、「社員採用時に求める資質」について、毎年会員企業にアンケート調査を実施しています。

この結果は、「コミュニケーション能力」が16年連続で第一位です。これは、企業が社員のコミュニケーション能力を最も大きな問題であるととらえていることを如実に表しています。

また、本書を手に取ったあなたは、自身の話し方についても問題意識をお持ちなのでしょう。すでに話し方を改善しようとしているかもしれません。ここで進むべき方向を誤らないでほしいのです。

本章では、コミュニケーション能力を向上させることがいかに大切であるか、真に実践的に、成果を上げるためには、どのような考え方に基づいて学んでいけばよいかについてお話しします。

1 日常や職場の問題！ 原因の多くは「コミュニケーションエラー」にある

皆さんは日ごろ、あるいは職場で不快に思うこと、不満に思うことはありませんか？時には、些細なことから人間関係がぎくしゃくしたり、トラブルに遭遇することだってありますね。後になって、「なぜ、あんなことになったのだろう？」と冷静に振り返ることもあるでしょう。

日常や職場での些細な問題は、そのほとんどが、「コミュニケーションの問題」です。思ったことが十分に言えない。正確に伝えられない。相手の本音（真意）を正しく受け止められないことに起因しています。

思ったことが十分に、正確に伝えられず、誤解させてしまった。相手の言い分を正しく受け止められず、誤解してしまった。こうしたことがそもそもの原因です。

また、余計なことを言ってしまい、相手を不快にさせてしまった。話すときの態度が悪くて、相手に聴く気をなくさせてしまった。

あるいは、聴くときの態度が悪く、相手に話す意欲をなくさせてしまった。思いあたること、ありませんか？

　ある会社の営業担当のＡさんと打ち合わせをしたときのことです。Ａさんは40代でしょうか。男性です。

　打ち合わせの最中、約5秒に一回「うん」「うん」「うんうん」とあいづちが入ります。私はずいぶん我慢しましたが、どんどん、ムカムカしてきます。しまいに耐えられなくなり相手に伝えました。

「私はご存知のようにコミュニケーションに関する指導をしています。Ａさんは私の話を聴くときに、『うん』『うん』と言われる。私にとっては不快です。私は子どもではないのですから、相手に応じたあいづちをなさってください」

　本人は良いと思っている。あるいは気づいていなかったのでしょう。Ａさんは「はっ」とした表情でした。少々間をおいた後、「ありがとうございます。気づいていませんでした。気をつけます」

　このあいづちの例のように、一つひとつは取るに足らないことかもしれません。しかし、日常や職場ではこうした小さな「コミュニケーションエラー」でも日々繰り返されれば、いつか大きな問題につながりかねないのです。

思ったことが十分に言え、正確に伝えられ、相手の本音（真意）を正しく受け止めて聴くことができれば、どんなに良いか考えてみてください。

毎日快く過ごすことができます。職場が生き生きしてきます。仕事もはかどりますね。

日常や職場の問題の根底には、今述べてきたような「コミュニケーションの問題」があるのです。コミュニケーション能力を常に、継続的に磨くことの大切さに気づいてほしいと思います。

今気づいた「あなた」、まずはあなたから実践なさってください。

ご自身の、それから職場のコミュニケーションの問題を解決するために周囲を巻き込んでいきましょう。

2 「話し方・聴き方」のノウハウを生かせないのはなぜ？

「日常や職場の問題の根底にはコミュニケーションの問題がある」とお話ししました。

思ったことが十分に言えない。正確に伝えられない。誤解させる。一言多い。態度が悪くて聴く気にならない。すべて話し方の問題ですね。

また、人の話を聴かない。聴けない。正しく受け止められない。誤解する。態度が悪くて話す意欲をなくさせる。すべて聴き方の問題です。

こうした問題が根底にあって、コミュニケーションエラーが生じます。このエラーはすぐに顕在化する場合もあれば、心理的に蓄積されて後で顕在化することもあります【図表1】。問題意識を持っている読者の皆さんは、自身の話し方、聴き方について何とかしないといけないと思っているでしょう。

また、職場や周囲の人の話し方、聴き方を改善したいと思うかもしれません。こうした問題意識をお持ちの方は少なくないでしょう。

話し方の講座に参加して、すでに「上手に話す方法」を学んだ方、今学んでいる方もいらっしゃるでしょう。

「上手に話す方法」、つまり「ハウツー」「ノウハウ」ですが、これを職場で生かせていますか？　なかなかノウハウの通りにはいきませんよね。当然です。なぜでしょう？

日常や職場で「上手に」話せればいいのですか？　知らない人からぺらぺら、上手によ

［図表1］コミュニケーションエラー

聴き方の問題

- 人の話を聴かない、聴けない
- 正しく受け止められない
- 誤解する
- 態度が悪くて話す意欲をなくさせる

話し方の問題

- 思ったことが十分に言えない
- 正確に伝えられない
- 誤解させる。一言多い
- 態度が悪くて聴く気にならない

これらの問題によって
コミュニケーションエラーが生じます。
日常や職場ではこうした
小さな「コミュニケーションエラー」でさえ
日々繰り返されれば、いつか大きな問題に
つながりかねないのです。

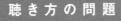

どみなく話しかけられたら、皆さんはどう思いますか？

「図々しい人だなあ」「なれなれしい人だなあ」と少々違和感を覚えるかもしれません。

あるいは、「初めて会ったのに、もっと言い方があるでしょう」などと不快に感じる人もいるでしょう。


例えば、挨拶を例に考えてみましょう。朝、昼、晩の挨拶は何と言いますか？「おはようございます」「こんにちは」「こんばんは」ですね。

言ってみれば、「挨拶のノウハウ」です。では、同僚や後輩、部下がお昼に「おはようございます」と声をかけてきたら、何と応えますか？ 戸惑いませんか？

ある大企業の工場見学会に参加したときのことです。案内の方が挨拶されました。

「ご安全に！」見学会に参加された多くの方は戸惑って、挨拶を返していませんでした。せっかく挨拶してくださったのに、無言では失礼ですよね。

しかし、「何て言ったんだ？」「なんて返せばいいんだ？」と思い、ことばが出なかったのでしょう。挨拶のノウハウが生きないですね。

皆さんの職場はいかがですか？ 朝、廊下で同僚とすれ違った。「おはよう」と声をかけあった。その5分後にまたすれ違った。皆さんは何とおっしゃいますか？ まさか無言ですれ違うことはないでしょうね。

このような状況に対応するノウハウはないですね。どうしていいか戸惑いますね。無言で無表情ですれ違う方も少なくないのではありませんか。この場合、どうすればよいかは後述します。

ノウハウだけを知識として持っていても、それだけでは日常や職場での応用問題には対応できないのです。話し方だけでなく、聴き方も同様です。「話し方・聴き方」のノウハウだけでは生かせないのです。

まずは、「なぜそうするのか」、考え方を把握することが大切です。そして、目的や状況、相手に応じて、作戦を立て、応用問題を解くのです。

コミュニケーション能力を高めるための考え方について、これから一緒に学んでいきましょう。その考え方は私どもが70年以上にわたって蓄積してきた「話力理論」に基づくものです。

3 話は「上手に話す」のではなく「効果を上げる」ためにする

「話し方・聴き方」のノウハウだけを知識として持っていても、なかなか生かせません。上手に話せばいいというものではないのです。**話すからには何らかの目的があるはずです。目的を達成してこそ、**一生懸命話した甲斐があるのです。

すなわち、話の効果が上がったということです。

わかってもらおうと思って話して、わかってもらえれば、目的達成。話の効果が上がったことになります。

信じてもらおうと思って話して、信じてもらえれば、話した甲斐があり話の効果が上がったということです。

しかし、わかってもらおうとどんなに上手に話しても、わかってくれなかった。信じてもらおうと思って話したが信じてくれなかった。

これでは、独り言と変わりません。そればかりか、協力してもらおうと思って、滔々と上手に話した結果、逆に「しつこい！」と言われて相手を怒らせてしまうこともあります。

このようなことになるくらいなら、話さないほうがよかったのではないですか。

話は、「上手に話す」ではなく、「話の目的を達成する」ために、「話の効果が上がる」ようにすることが大切です。

すなわち、「話は効果を上げるためにする」。

上手に話すことが本来の目標ではないはずです。「話の効果を上げる」ため、ノウハウを生かす応用力としての「話す力」「聴く力」、すなわち「話力」を磨いていくのです。

次の章では「話力」に関する概要について述べていきたいと思います。

chapter

1

仕事で成果を上げるための「話力」の磨き方

コミュニケーション力を高める基本

他人と話していると、相手の話し方が気になることがあります。なんとなく事務的で冷たく感じる話。あっちに行ったりこっちに来たり、ごちゃごちゃして、わからない話。ことばづかいが適切でなく、ぶっきらぼうで不快に感じる話。しゃくし定規に丁寧すぎて親しみを感じない話などいろいろです。

人の話は評価できるのです。ですから、「君の話、何とかならないか?」などと言いたくなりますよね。しかし、これを言ってしまったら言ってしまったで、後がたいへんです。「では、どうすればいいですか?」などと切り返されて、「はてっ!?」と困ってしまうと思います。

「そんなことは自分で考えろ!」と突き放しますか? それでは無責任ですよね。

おそらく皆さんは、言ってしまった手前、これまでの経験からこうしたほうがよいなどとアドバイスをなさるでしょう。

しかし、厳しいことを言いますが、自己流でアドバイスすると、アドバイスを受けたほうも気の毒ですよ。その理由を本章で説明していきます。

一方、自分の話し方、聴き方は適切ですか? 相手の話し方や聴き方のまずさはわかっても、自分のことには気づかないようです。

特に、話に慣れている方、おおぜいの前でも滔々と話せる方は、どちらかというとご自身の話し方、聴き方の問題点に気づいていないことが多いです。

余計なことを話してしまう。長々と話してしまう。周囲から「短く！」と言われているにもかかわらず、話し出すと止まらない。

「校長のちょっと一言30分」などという川柳があるくらいです。自身の話し方、聴き方も見直す必要がありますね。

本章では、コミュニケーション能力を高めるために知ってほしい基本中の基本について解説しています。

そして、仕事で成果を上げるため、コミュニケーション能力をより高めるための考え方を示しています。まずは基本をしっかり学びましょう。

1 基本となる話力は「人柄・話す内容・話し方」で決まる

話し方、聴き方を適切に磨いていくためには、話すこと、聴くことが一体どのような要素から成り立っているかをしっかり把握することが大切です。

これまで、「話し方」「聴き方」では足りないとお話ししてきました。

私たちがめざすのは、話の目的を達成し、「話の効果」を上げることでした。

この話の効果に対する影響力のことを「話力（わりょく）」と言います。

話力は3つの基本要素から構成されていると考えています。「心格力《しんかく》」「内容力」「対応力」【図表2】**です。**

同じような話をしても人によって効果に違いが生じます。これは「心格力」によるところが大きいです。話す人の影響力と考えればよいでしょう。

また、話すべき内容を持っていなければ話せません。何を話すかに大きくかかわるのが「内容力」です。話すべき内容を収集し、考え、整理する力です。

［図表2］ **話力の基本要素**

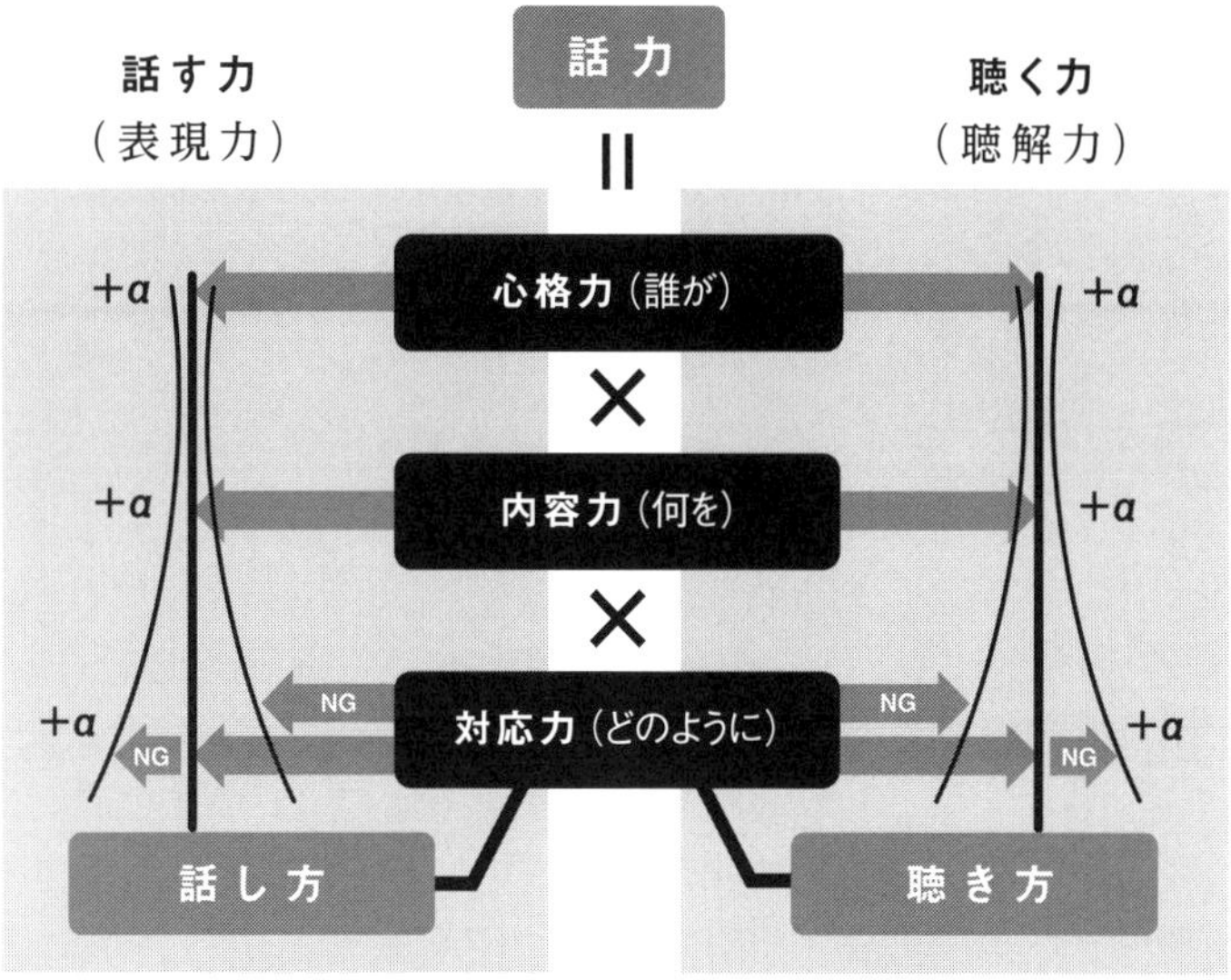

そして、相手に対応して話す、聴くための対応力です。どのように話すか、聴くかということですね。「話し方」「聴き方」は、この対応力の一要素にすぎないのです。

ところで、「話力」は**「表現力」と「聴解力」を合わせたものでもあります。この場合、表現力は、心格力、内容力を通して話し方の面から見た話力のことです。**

聴解力は、心格力、内容力を通して、聴き方の面から見た話力のことを言います。

そして、話力はこの3つの基本要素の相乗です。「心格力」「内容力」

「対応力」のどれかが欠けても、話力は小さくなってしまいます。

どんなに人柄（心格力）がよくても、話す内容（内容力）を持っていなければ話せません。話し方（対応力）がまずければ、相手に伝わりません。

どんなに良い内容を持っていても、それを話すにふさわしい人が話さなければ、「何を偉そうに」「何を生意気な」などと思われてしまうかもしれません。話の効果にとってはマイナスです。話し方がまずければ、伝わりません。

どんなに話し方が上手でも、人柄に問題があれば、「あいつは口がうまいから気をつけろ」などと警戒されかねません。話すべき内容がなければ、「あいつは口ばかりだ」などと軽く扱われるかもしれません。

聴くときも同様です。人柄に問題があると、他人の話を聴かない、聴けない傾向にありますね。また、相手が警戒して十分に話してくれないかもしれません。予備知識がなければ理解できません。

聴き方がまずいと、話す意欲をなくさせるかもしれません。聴く効果に対してマイナスです。

このように、話力を高めるためには、話力の3つの基本要素をそれぞれバランスよく磨いていくことが必要です。

話力を磨き、高め、日常生活や仕事に生かしていきましょう。

2 「話は人なり」心格力とは？

私はこれまでコミュニケーションに関する研修や講演で、話力を磨くことの大切さを訴えてきました。

そして、スピーチ指導などを通じて多くの人の話を聴いてきました。時には同じような内容の話を聴くことがあります。しかし、内容が同じでも、話す人によって聴き手が受ける印象は違います。

話しているときのことばからは、単にそのことばが持っている意味だけでなく、話し手の心の温度が伝わってきます。話し手の熱意を感じます。

同じことばを聴いても、話し手によって温かく感じることも、冷たく感じることもありますね。

また、話し手の心の湿度も伝わります。悲しみや喜びがことばとともに伝わってきます。話を聴いていると話の重さや深さや広さを感じます。明るさや暗さ、親疎の差を感じることもありますね。

時には、思わず後ずさりしたくなるような圧力を感じることも。たった一言がグサッと心に突き刺さることもあるかもしれません。

「刃物は肉を切り、ことばは心を切る」のです。このような要素がひとつになって、話が伝わってくるのです。聴き手が感じる「話の味」は話し手自身の味。すなわち「話の味は人の味」なのです。

どんなに話し方を磨いても、すべてではないにしろ、自分自身がさらけ出されるのです。つまり、話はその人自身を表します。話せば話すほどその人の人柄が聴き手に伝わるのです。「話は人なり」なのです。

あるデパートのお得意様ラウンジでのことです。入口に「満席」の看板が出ていました。看板に背中を向けラウンジ内の様子を見ている男性係員に背中越しに声をかけました。

「満席ですね」

「満席です」

こちらに振り向くこともなく、一言返事がありました。

ただ「満席です」という短いことばですが、たいへん不快に感じました。ことばは発しているけれど、無視されたような気になりました。相手に配慮する気持ちに欠けているように感じました。

他方、ある証券会社の窓口で書類の記載を求められたときのことです。担当の女性は、筆記具の入った素敵なペンケースを差し出しました。

私は、「これ気に入った。もらえないかな?」と軽口をたたきました。

その女性はすぐに、「差し上げられるといいのですけれど～。あはっ」

と断られたのですが、たいへん心地の良い、温かいことばでした。

心格力とは、その人の温かさや、やさしさ、思いやり、誠実さやまじめさなど、よりよい人間性、豊かな人間性の基礎となる力です。また、自身の良い人柄を外部に発信する力だと私は考えています。

普段はどうもとっつきにくいなと思っていたけれど、一緒に活動してみて、いい人だということがわかった。皆さんの周囲にいませんか? こういう人は、外部へ自分の良さを発信する力が不足しているのです。心格力を高める必要がありますね。

繰り返し述べますが、話をよくしようと思ったら、単に話し方を磨くだけでは足りないのです。厳しいことですが、自分自身を磨いていかない限り、本当の意味で話はよくならないのです。

「話の味は人の味」「話は人なり」です。

話力を高めるために、心格力を磨く努力を続けていきましょう。

3 「心格力」を高めるには？

「心格力」を高めるにはどうしたらよいでしょうか。

これはなんともお話ししにくいです！　その人の豊かな人間性の基礎となっている力、良い人柄を外部へ発信する力が心格力でしたね。

「心格力を高めるにはこうしたらいい」などと軽々しく、偉そうにお話しできるものではありません。お話ししたとしても「お前はどうなんだ」と言われかねないですね。

しかし、「心格力」を避けて、話力を語るわけにはいきません。批判を恐れずにお話しします。心格力を磨くための努力目標は次の①〜⑤です。参考になさってくだされば幸いです。

❶話力の原則を実践する

まずは、これまでお話ししてきた「話力」を磨くための原則を理解し、意識的に行動していくことです。そして、これからお話しする原則についても、一つひとつ実践しようと努力なさってください。

「そんなこと知っている」「あたりまえだ」「当然だ」「くだらない」「そんな細かいことどうでもいい」そう思われるかもしれません。

しかし、知っていることを実践できているとは限りません。あたりまえのことを実践することすら難しいです。くだらないこと、細かいことを実践できなくて、本質的なこと、重要なことの効果を上げられるでしょうか？　力を発揮できるでしょうか？

実践しようと意識し、努力し、繰り返す。それによって、少しずつ自分自身が変わっていく。形を変えていくことにより、実体が変わっていきます。

実体が変わることで気持ち、心が変わります。形と心は深く結びついています。形が心を整えるのです。このことは、古くから続く日本の文化を眺めれば明らかです。

茶道でも、華道でも。武道ですら形を整え、心を磨くのではないですか？　話力の原則を一つひとつ実践していきましょう。

❷人から学ぶ

その道に傑出した人から学ぶことです。どんな道でもトップに立つ人は他人の何倍も努力しています。そういう人から学ぶことが大切です。

また、異質な人との出会いを大切にすること。同質の人とかかわっていると居心地がいいですね。異質な人とのかかわりは、辛いかもしれません。

しかし、そういうかかわりこそ、多くの気づきが得られるのです。ですから、異質な人との出会いを大切にし、自分磨きの道場だと思って、積極的にかかわってください。

以上に加え、日ごろから問題意識を持って人を観察することです。よいなと思う点は取り入れる。よろしくないなと思う点は、自らも気をつける。教師として、あるいは反面教師として人から学ぶようにしていきましょう。

❸良い習慣を持つ

良い習慣が自身を育てます。人から学んだこと、本で読んだこと。やってみようと思ったら、まず実践することです。取り組みやすいこと。たやすくでき、長続きしそうなことから始めましょう。早起きの習慣、挨拶の習慣、整理整頓の習慣。なんでもよいのです。

私も50歳を過ぎてから始めて、10年以上続けてきたことがいくつかあります。ひとつは滑舌の訓練です。年齢とともに滑舌が衰えないよう、毎日入浴時に浴室で声を出して行っています。それから表情筋が衰えないよう口角を上げる訓練です。

一日30回、毎日続けています。また、話力の講演内容の要点を毎日書き続けています。プロとして当然の習慣です。しかし、こうした毎日の積み重ねが大切なのです。

良い習慣を持つこと。良い習慣を継続すること。良い習慣を増やしていくことを心がけてください。

❹忠告してくれる人を大切にする

皆さんは、注意、忠告、アドバイスしてくれる人がいますか？　叱ってくれる人がいますか？　それは誰ですか？　両親ですか？　兄弟ですか？　夫あるいは妻ですか？　恋人ですか、友人ですか？　いらっしゃいますね。幸せですね。

一般に、年齢が上がるほど、立場が上がるほど、忠告してくれる人がいなくなりますよ。ある意味、寂しいことです。辛いことでもあります。なぜなら、そうなったら自分で気づいて自分磨きを続けるしかないのです。

しかし、自分の姿は自分ではなかなかわからないものです。人に不快な思いをさせているのに、気づかないことがあるかもしれません。自分の至らない点を指摘してくれる人がいれば、自分のマイナス面に気づき、改善することができるはずです。

私は話力の講師を30年以上務めてきました。現在は一般社団法人の理事長という立場です。私の立場を知っている人は、なかなか話し方、聴き方について指摘してくれません。「あなたの話し方には●●という問題がある」と言ってもらえません。相手の反応を見ながら、自ら気づき、自らあらためていくほかないのです。

ですから、話力講座にご参加くださった受講生のアンケートに書かれている感想は私にとって、たいへんありがたいものです。

特に若い方は、今のうちです。**あなたのことを思って本当のことを言ってくれる人を大**

切になさってください。時には言われて辛いこともあるでしょう。しかし厳しいことばに耐える力をつけてください。そして、厳しいことばを自己改革のためのエネルギーに変えていこうではありませんか。

❺反省し、コツコツ改善

忙しく、日々の仕事に追われ、必死で突っ走っていますと、自分を見失ってしまうこともあるかもしれません。時には立ち止まり、静かに自分の言動を振り返ってみることが大切です。

ただし、反省するだけでは、成長につながりません。一方で、すべてを一気に改善しようとしても、不可能です。人間ですから。少しずつ、少しずつ。「コツコツ改善」「日々改善」こうした努力を忘れないでください。

7000回以上も講演を行っている社会教育家の田中真澄先生は話力を学んだ先輩です。先生の多くの教示のひとつに次のことばがあります。

「凡人の10%の努力の継続が秀才を超える」

仮に凡人と秀才の能力の差が1：2だとします。毎年自分の能力を1割向上させる努力

をコツコツ続けていくと、約8年後には自分の能力が2倍以上になり、秀才を超えるというのです。

これは数字上のことですが、コツコツ努力することの大切さを表しています。

私たちとともに、話力磨きをコツコツ続けていきましょう。

4 どうしたら中身のある話ができるのか？ 内容力について

どんなに話し方が上手でも、おおぜいの前で話すのに慣れていたとしても、話すべき内容を持っていなければ話せません。

どんなに人柄がよくても、内容が浅く広がりがなければ、話を聴いてもらえないでしょう。

また、相手の話を聴く場合も、予備知識としての内容を持っていないと、なかなか理解できないですね。

ある会合に参加したことが縁で、その団体の理事長Kさんから学習番組への出演を頼まれたことがあります。シニア世代向けにパソコンの使い方を教えるのです。インターネット経由で配信される番組でした。

私は、「パソコンの専門家ではないので、どなたか専門家にお願いしては？」とお断りするつもりでした。すると、Kさんは、「専門家でないほうがよいのです。使えない人の気持ちがわかるでしょう。それに話し方の先生だから、できるでしょ」。

たいへん困りました。しかし、私は「できるでしょ」ということばに弱いのです。「できません」とは言えません。

話し方を教えていても、自分が経験したことがないこと、よく知らないことは話せません。十分に知識がなければ効果的な話はできません。1カ月ほど一生懸命勉強して撮影に臨みました。おかげさまで、視聴されたおおぜいのシニアの方から高い評価をいただきました。

今思えば、断らずに勉強してよかったと思っています。引き受けたことによって自分が話せる内容を広げることができたのですから。

内容力とは、単なる内容、知識、情報のことではありません。

自分が身につけるべき話の材料を感知する能力。それを収集する能力。収集した内容を

[図表3] 内容力

自分が身につけるべき話の材料を感知する能力
内容を話として構成する力
それを収集する能力
収集した内容を整理する能力
内容力
身につけた内容を基にそれを深めたり、広めたりする、つまり想像する力
状況に応じてその内容が必要か否かを判断する力
自分の考えをまとめる力
内容力は自身の心格力と結びついた知的・情的な面を併せ持ったもの
内容を選択する力など、これらの総合が内容力です

整理する能力です。

身につけた内容を基にそれを深めたり、広めたりする、つまり想像する力です。自分の考えをまとめる力。内容を話として構成する力。状況に応じてその内容が必要か否かを判断する力。内容を選択する力など、これらの総合が内容力です【図表3】。

先に心格力の話をしました。「話は人なり」です。話にはすべてではないでしょうが、自身の人柄がさらけ出されます。聴き手はそれを感じます。

しかし、内容の伴わない表面的な人柄では、問題も多いです。顔を合わせているだけのときは、いい人だと思った。ところが、一緒に仕事をしてみたら、何事も人に甘えて頼りにならない。あなたの周囲にこういう人、いませんか？　自分の能力のなさをカバーするため、「いい人」を演じているだけなのかもしれません。

一方で、単に内容力があればよいというものでもありません。人間味を感じない内容は人工知能（ＡＩ）と変わりません。内容力は自身の心格力と結びついた知的・情的な面を併せ持ったものと理解してください。話の効果を上げるため、内容力を磨いていきましょう。

5 「内容力」を高める2つのポイント

どんなに人柄がよくても、話し方が上手でも、話す内容を持っていなければ話せません。おおぜいの前や、あらたまった場で話せないのは、話し方に問題があるからだと思っていませんか。

その前に「話すべき内容を十分持っているか?」を振り返ってみてください。

仕事や趣味のことなど自分がよく知っていることであれば、たとえあがったとしても、それなりに話せるはずです。また、事前に話すことがわかっていれば準備できますね。準備をすればなんとかなるでしょう。

しかし、突然話さないといけないこともあります。おおぜいの前で恥をかかないためにも、日ごろから「内容力」を高める努力が必要です。

内容力を高めるための努力ポイントは2つです。

「インプット」すること。そして、インプットしたことを自分なりに整理し、考えをまとめ、「アウトプット」してみることです。

インプットするには、他人の話を聴いたり、体験したり、本を読んだりしましょう。そして、いろいろなことに興味関心を持って、観察することです。ことばでいうのは簡単ですが、実践するのは難しいですね。

まずは、意識的に興味を持ったふりをしてください。

「これは何だろう?」「なぜだろう?」「どうして?」などと考えてみるのです。

これを実践し、継続します。習慣にするのです。そうすると、自然にできるようになります。

例えば、天皇陛下のお住まいである皇居は昔、江戸城でした。ご存知ですね。お城でした。お城には天守閣がありますね。皇居に天守閣はありますか? ないですね。なぜですか? いつからないのですか?

奈良の東大寺の大仏は建物の中にありますね。本来、大仏は大仏殿という建物(仏堂)に安置されるそうです。鎌倉の高徳院にも大仏がありますね。鎌倉の大仏は大仏殿がありません。なぜですか?

信号機は電気で赤、青、黄色を灯していますね? 電気代は誰が払っているのでしょうか?

こういったことを疑問に思うだけでも楽しいですね。しかし、行動を起こさないと身につきません。

疑問に思ったら、調べてみるのです。そして、忘れないように記録しましょう。

集めた内容を整理し、自分なりに考えて、「アウトプット」してみるのです。

話したり、文章を書いたりします。こうした努力を日々繰り返すと、自然に話すべき内容が集まってきます。話をまとめる力がついてきます。人を惹きつけるような個性的なアイデアが湧いてきます。

ところで、内容力を高めるためには、もう一つ重要なポイントがあります。「問題意識」を持つことです。

中国の古典、四書五経の「大学」に、次の名言があります。

「心焉（ここ）に在らざれば、視れども見えず、聴けども聞こえず、食らえども其の味を知らず」

今のことばに直せば、次のようなことでしょう。

「心がここにない上の空の状態では、見ても正しく物を見ることはできず、聞いても正しく音を聞くことはできず、食べても本当の味を知ることはできない」

私は、問題意識を持たないと身につかないということだと解釈しています。

例えば、皆さんはお金を使いますね。千円札を使いますね。毎日千円札を見ていますね。千円札の肖像画はどなたの肖像ですか？　こう質問しますと、たいていの人は「あれっ、誰だったかな？」と思うようです。

なかには千円札を取り出して確認する方もいらっしゃいます。「心ここにあらざれば、視れども見えず」ですね。

ところで皆さんは出かけると必ず、信号機を見ていますよね。赤信号は右側ですか、左側ですか？

このようなことは、取るに足らないこと。どうでもよいことかもしれません。

ここで申し上げたいのは、どうでもよいと思っていることは身につかないということです。問題意識を持たないと身につかないということを自覚していただきたいのです。

ですから、これはと思うことは、強烈な問題意識を持って、自分の身にすることが大切です。日々インプットし、整理し、考え、アウトプットする。コツコツ努力して自らの内容力を高めていきましょう。

6 効果的に話す、聴くための「対応力」とは？

どんなに人柄が良くても、どんなに良い内容を持っていても、相手に伝わらなくては話になりません。

この場合、どれだけ相手に応じて話せるかがカギです。相手が子どもなら子どもにわかるように。相手が専門家でなければ、できるだけ専門用語を使わずに平易なことばで。親しい仲なら親しげに。初対面ならことばづかいに気をつけて話しますね。

相手の知識や興味、理解力、意見や立場に応じて話すことが大切です。

また、自分の立場や役割も忘れてはなりません。話の目的や話をする相手、話す場などを考えて、それに対応する能力、それぞれの場面で、より効果的な話し方を選択し、実践できる能力が対応力です。

どんなに興味深い内容を持っていても、自分の思うままに話していては、聴き手にとっては支離滅裂に感じられるかもしれません。

「効果的に話すには、聴き手の心の法則に従って話せ」と言われます。

聴き手を意識して、聴き手が聴きやすく、わかりやすいように話を組み立てることが大切です。

専門家が難しい話をしても一般の人には理解できないかもしれません。この場合、難しい内容をかみ砕いて話す必要があります。

一般の人が理解できるように専門用語などをわかりやすく解説する必要がありますね。相手に応じて話さなければ伝わりません。相手が誰なのかを考え、効果的に話すための作戦を立てて、実践できる能力「対応力」を磨くことが大切です。

対応力を発揮するのは、話を準備するときだけではありません。話している間も、聴き手の様子を注意深く観察し、聴き手に対応していくことが大切です。

聴き手が話に飽きてきたようであれば、それに対応し、聴き手の気分を変える必要があるかもしれません。聴き手が首をかしげているようなら、何かわからないことがあるのかもしれません。そのようなときには質問や、補足説明が必要になりますね。

また、自分が聴く側の立場のときも「聴き方」としての対応力が求められます。効果的に聴くためには、相手が話しやすいように相手に対応して聴きます。

態度、表情に気をつけて感じよく。相手のことば、語調、表情、しぐさから真意（本音）

を考えながら。あいづちを打つなど、熱心に聴いているというメッセージを相手に伝えながら聴くのです。

対応力を磨き、より効果的に話し、効果的に聴く話力を高めましょう。

7 自らを生かす「対応力を高める」には？

「対応力」の要素として、「話し方」「聴き方」があると先にお話ししました。

「なるほど、話し方、聴き方のノウハウをつかんで身につけるのね」などと考える方がいるかもしれません。

しかし、対応力というのは、相手に対する思いやりや配慮が根底になければなりません。

そして、努力が必要です。

「気持ちよく聴いてもらおう」「わかってもらえるように話そう」「話しやすいように感じよく聴こう」

こうした気持ちを形に表せる力が対応力です。つまり、自ら磨いてきた心格力、内容力

を生かし、話の効果を上げるための対応力なのです。

対応力を磨くということは、心格力、内容力を磨くことと切り離せるものではありません。ともにバランスよく磨いていくことが求められるのです。

厳しいことですが、方法論、ノウハウを知って実践したからといってうまくいくものではないということを多くの方は経験されているでしょう。

対応力を高めるために次の①~④のことを心がけてください。

❶場数を踏んで、場慣れする

「下手な話は話して直せ」と言われています。実践してみることが大切ですね。

唐突ですが、皆さんは泳げますか？ 泳げる人は、最初から泳げていましたか？ 通信教育で泳ぎを覚えた方はいらっしゃいますか？ まず無理ですよね。話も同じです。

たとえ人の話を聴いて、本を読んで学んだとしても、ノウハウをつかんだとしても、実践しなければうまくいきません。話してみると、最初はうまくいかないものです。

「負けて覚える相撲かな」と言いますね。

もちろん「勝って覚える相撲かな」とも言うのでしょう。しかし、負けたときほど、「しまった。何とかしなければ」との思いが強いのではないですか。

あるいは、今まで気づかなかったことに気づくこともあるでしょう。

「傷つかなければ気づかない」とも言いますね。

「負けた」ときの何とかしようという思いをエネルギーに変えて努力するのです。

ところで皆さんは人前で歌を歌えますか？　苦手な方もいらっしゃるかもしれませんが、少なくとも1曲、2曲歌える歌がありますよね。いわゆる「持ち歌」ですね。

最初から「持ち歌」でしたか？　何度も歌いこんで持ち歌にしたのではないですか？

一方、人前で話すのはいかがですか？　どれほど話せますか？　話し込んできましたか？　やはり、数をこなすことが大切なのです。

❷問題意識を持って他人を観察し、具体的な方法をつかむ

ある会合に参加し、司会者から「それではお一人お一人自己紹介をお願いします」と言われますと、多くの人が戸惑いますね。

特に、最初の方は困ります。どうすればいいか？　最初の方が、姓名を名乗って、「よろしく」で終えると、以降も皆それに倣う傾向があります。

これでは、せっかくの自己紹介が効果的ではありません。

あるいは、ある会合で開会の挨拶を頼まれた。乾杯の挨拶を頼まれた。締めの挨拶を頼まれた。こういうことがありますね。困りませんか？

しかし、皆さん、こうした挨拶をたくさん聴いてきているのではありませんか。それにもかかわらず、自らが指名されると、はたと困る方が少なくありません。

自分が行うとしたらどうかといった問題意識を持って、他人を観察し、その方法を評価し、良い点を取り入れていく努力をなさってください。

❸他人からアドバイスを受ける

話した後に他の人からアドバイスを受け、参考にします。

聴き手の立場からどうだったかといった情報が得られます。できれば、時々専門家からアドバイスを受けられれば、さらによいでしょう。しかし、アドバイスを受けるだけでは、意味がありません。自らコツコツ改善努力していくことが大切です。

❹原則を守る

話す、聴くことを効果的に行うための原則があります。次章から話の効果を上げるための基本的な原則についてお伝えしていきます。

これらの原則を理解し、守り、実践する努力をなさってください。自己流では、失敗することもあるでしょう。聴き手に違和感を与えてしまうかもしれません。独りよがりになっていることに気づかないかもしれません。

話し手や聴き手の一般的な心の法則に従って、効果を上げるための原則があります。心格力、内容力、そして対応力をバランスよく磨くために、話力の原則を守り、実践しましょう。

8 人間関係が話の効果を左右する

話をするからには、多くの場合、話す目的があります。目的を達成してこそ、一生懸命話した甲斐があった。これを「話の効果が上がった」というのだとお話ししました。

[図表4] 話力磨きのスパイラル

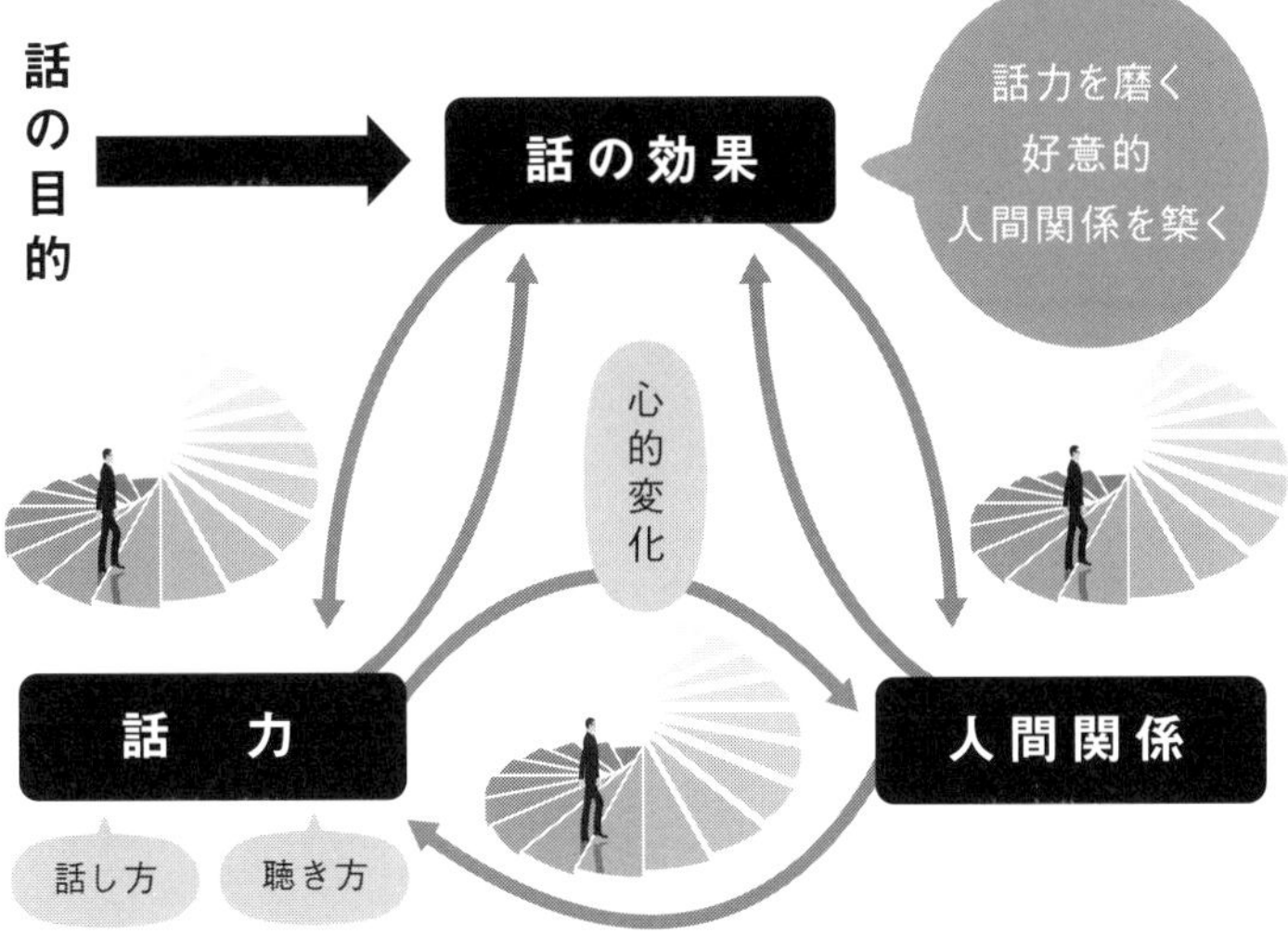

話は「上手に話す」だけでは足りないのです。「話の効果が上がる」ように話さなければ、独り言と変わらないのです。

そこで、「話の効果を高めるには？」と問うと、一般には次のような答えが返ってくるでしょう。「話し方を磨く」「説明力をつける」「伝える力をつける」などですね。

もちろん、これらの答えは誤りではありません。必要な要素です。

しかし、皆さんは、もっと適切な答えをご存知ですね。話の効果を高めるためには、「話力を磨く」ことです。「話力」を磨くには、話力の基本要素をバランスよく磨いていく努力が必要なのです。

基本要素はもうおわかりですね。豊かな人間性の基礎となる「心格力」。話せる内容を広げ、深める「内容力」。そして、その場、そのとき、その人に対応した話し方、聴き方ができる「対応力」です。

これら話力の基本要素を磨いていけば、より効果が上がる話ができるようになります。必ずなります。努力を継続していると、ある時期に「以前よりうまく話せるようになったな」と気づくでしょう。

なるほど、意識的にコツコツ話力を磨く努力をしていれば効果が上がるのだとわかります。それがわかると、さらに努力をする意欲が出てきます。

話力を磨く努力をする。効果を実感する。さらに努力する。私はこれを「話力磨きのスパイラル（螺旋階段）」と言っています。ぜひ、この話力磨きのスパイラルを駆け上がってください。

そして、磨いた話力を生かすために、もうひとつ大切な要素があります。

それは相手や周囲の人たちとの人間関係です。

人間関係の良し悪しが話の効果に影響を与えます。同じように話しても人間関係によって効果が違ってきますね。

良い人間関係を築いていれば、「ちょっと手伝って」と言えば、たいていのことは協力してもらえるでしょう。しかしそうでない場合は、些細なことでも「何ですか?」「今忙しいです」「上を通してください」などと言われかねません。

また、話の効果が上がると相手に対してどのような感情を持ちますか? 「一生懸命話したらわかってくれた」「協力してもらえるか心配だったが、話してみたら快く応じてくれた」

こういうとき、相手に対してどう思いますか? 少なくとも「不愉快」にはならないでしょう。

多くの場合、「いい人だ」「いいところがあるじゃないか」と思うのではありませんか。話の効果が上がれば、相手に対するプラスの心的な変化が生じ、人間関係が徐々に好転していくのです。

好意的な人間関係を築く努力。話の効果が上がる。人間関係がよりよくなる。この場合も「好意的な人間関係づくりのスパイラル」を登ってください【図表4】。

さらに、心温まる一言が人間関係をプラスに変えます。

一方で、不用意な一言がせっかく良好な人間関係に水を差します。また、人間関係の良し悪しが話し方、聴き方を変えます。

好意的な関係にある人に話すときと、そうでない人に話すときでは、同じように話せないでしょう。そのことは相手にも伝わります。

話力と人間関係、話の効果との関係を意識し、話力を磨き、周囲と良好な人間関係を築く努力を続けてください。

chapter

2

職場で好意的な人間関係を築くために

8つの原則について知る

chapter1では、同じように話をしても相手との人間関係によって話の効果が変わるということをお話ししました。

Aさんが話すと多くの人が納得するのに、同じことをBさんが話すと反発されるなどということはありませんか？

好意的な関係であれば、たいていのことはうまくいくでしょう。

一方、面識のない人、関係がぎくしゃくしている人に話すときは、ちょっとしたことでも納得してもらうのにかなり努力を要するのではないですか？

話の効果を上げるためにも周囲との好意的な人間関係を日ごろから築く努力をなさってください。

本章では、職場などで好意的な人間関係を築くための8つの原則についてお話しします。

原則 1

無意識に相手を無視しない

人は他人《ひと》とかかわりながら生きる動物です。ですから、一般に無視されることを嫌います。無視されると不快ですよね。受けたほうも無視したくなります。まずは周囲の人を無視しない努力をなさってください。

これは結構難しいですよ。自分は無視していないつもりでも、相手がどう思うかですから。**相手の存在に気づいていることを相手にわかるように伝えなければなりません。**

つまり「相手を察する」のです。どうしますか？　以心伝心はありえませんよ。そうですね。相手に聞こえるように、ことばに出さなければ伝わりません。

どんなことばですか？

「相（手を）察（する）」すなわち「挨拶」です。「挨拶」の意味は相手を無視しないことです。

そして、挨拶の心得は、「あ」「い」「さ」「つ」に込められています。

「あ」明るく、温かいことばで、感じよく挨拶する。挨拶する際の表情も大切です。もちろん、相手を見て、にこやかになさってください。

「い」いつもする。相手の存在に気づいたら、いつもすることが大切です。機嫌のいいときはするけれど、そうでないとしないのでは、効果的ではありません。

「さ」先にする。自分が先輩でも上司でも、相手の存在に気づいたら、すぐに挨拶することです。先手必勝です。

部下や後輩から挨拶するのが礼儀だと考えていませんか？　部下や後輩がそう考えればすばらしいことです。しかし、挨拶は相手を無視しないことですから、相手の存在に気づいたら「先に」挨拶なさってください。

あるいは、先に挨拶すると軽くみられるなどと思っていませんか？

自ら率先して挨拶を実践すると、職場の風通しがよくなります。職場の雰囲気が生き生きしてきます。

「部長は気さくだ」「部長はえらいのに腰が低い」などと尊敬されます。ムスッとしているより、好感が持てます。はるかに効果的ではありませんか？

「つ」相手に先手を取られたら、間髪いれず「つづけて」挨拶を返すことです。

間を空けないということです。間を空けてしまいますと、相手に余計なことを考えさせてしまいます。

「あの人、私のこと嫌っているな」「何か言いたいことあるのか?」などですね。

そういうつもりではないのに、そのように思わせてしまったら、効果的ではありません。

私は、某大学の非常勤講師をしています。講師控室に入って、周囲の先生に挨拶します。中には「誰だ? 知らないなぁ～」といった表情で、こちらをギョロッと見て、無言の先生がいます。

知っていても、知らなくても、挨拶されたら、挨拶を返す習慣を身につけましょう。また、どうしても挨拶を返してくれない場合、指名してみましょう。

「～さん、おはようございます」と言えば、挨拶を返さざるを得ない気持ちになるでしょう。

そして、決まり切った挨拶ことばだけでなく、できれば一言工夫したいですね。

「おはようございます。昨日はありがとうございました」

「こんにちは。忙しそうだね」

「やあ、今日はよくすれ違うね」

なんでもいいのです。温かいことばをかけてください。ことばをかけられない状況であれば、相手にわかるように会釈する。これも相手を無視しない努力です。

挨拶とともに大切なのは「返事」です。

最近、返事のできない人が増えていませんか？

役所や郵便局、病院の窓口で時々見かけます。「Aさん」「Aさん！」「Aさん!!」窓口の担当者が呼びかけます。

突然、ぬっと現れて「聞こえているよ！」

「返事」も相手を無視しないことです。

返事は何と言いますか？「はい」ですね。この「はい」には気持ちを込めてほしいのです。

「はい」は**「拝」**の気持ちで。相手を拝む、尊敬する気持ちを込めて「はい」です。

「はい」は**「配」**の気持ちで。相手に配慮する、気を配る気持ちを込めて「はい」です。

「はい」は**「背」**の気持ちで。責任を背負う「背」です。

私に任せてくださいの「はい（背）」ですね。

そして返事のしかたは、「あすはあす」と語呂合わせで覚えてください。

「あ」相手を見て「はい」。

「す」すぐに「はい」。

「は」ハキハキ、1回「はい」。「はいはい」など投げやりな返事は、相手に不快感を与え、効果的ではありません。

「あ」あかるい声で「はい」

「す」素直に「はい」。「へぃ」などの卑屈な返事も効果的ではありませんね。

挨拶、返事は相手を察すること。無視しない努力を実践し、継続する。周囲とのより良い人間関係を築くための一歩です。

原則2 好ましい態度が良い関係を築く

「態度は視覚に訴える言語」と言われています。

ことばを介して伝わる内容を理解するには相応の時間がかかります。一方、目を介して伝わる映像は、ことばよりも早く印象に残ります。

「態度に注意しましょう」とお話ししますと、「態度は枝葉。中身が肝心だ！」などと反論する方がいます。

特に自信家に多いようですね。もちろん、中身が肝心です。ですから、内容を持っている人ほど態度に気をつけてほしいのです。

なぜなら、目から入る情報がいち早く相手の気持ちに影響を与えるのですから。どんなに良い話でも態度が悪いと聴いてもらえません。

不祥事をお詫びするときの態度が適切でなく、自分では思ってもみなかった事態に発展してしまった。こうした行政や企業のトップ、芸能人を時々見かけますね。

態度の良し悪しが相手に好印象を与えたり、不快にさせたりするのです。

そして結果的に話の効果にプラスやマイナスの影響をもたらします。

先輩後輩、上司部下などの社会関係、親疎の人間関係、そして、依頼する側、される側などの状況関係、こうした関係に応じて適切な態度で接することです。

好意的な人間関係を築くための好ましい態度は、前述したように相手との関係において決まります。

一応の目安として、「礼（は）背目手足服・表情・身だしなみ・癖なくせ」を意識して

［図表5］**正しいおじぎ**

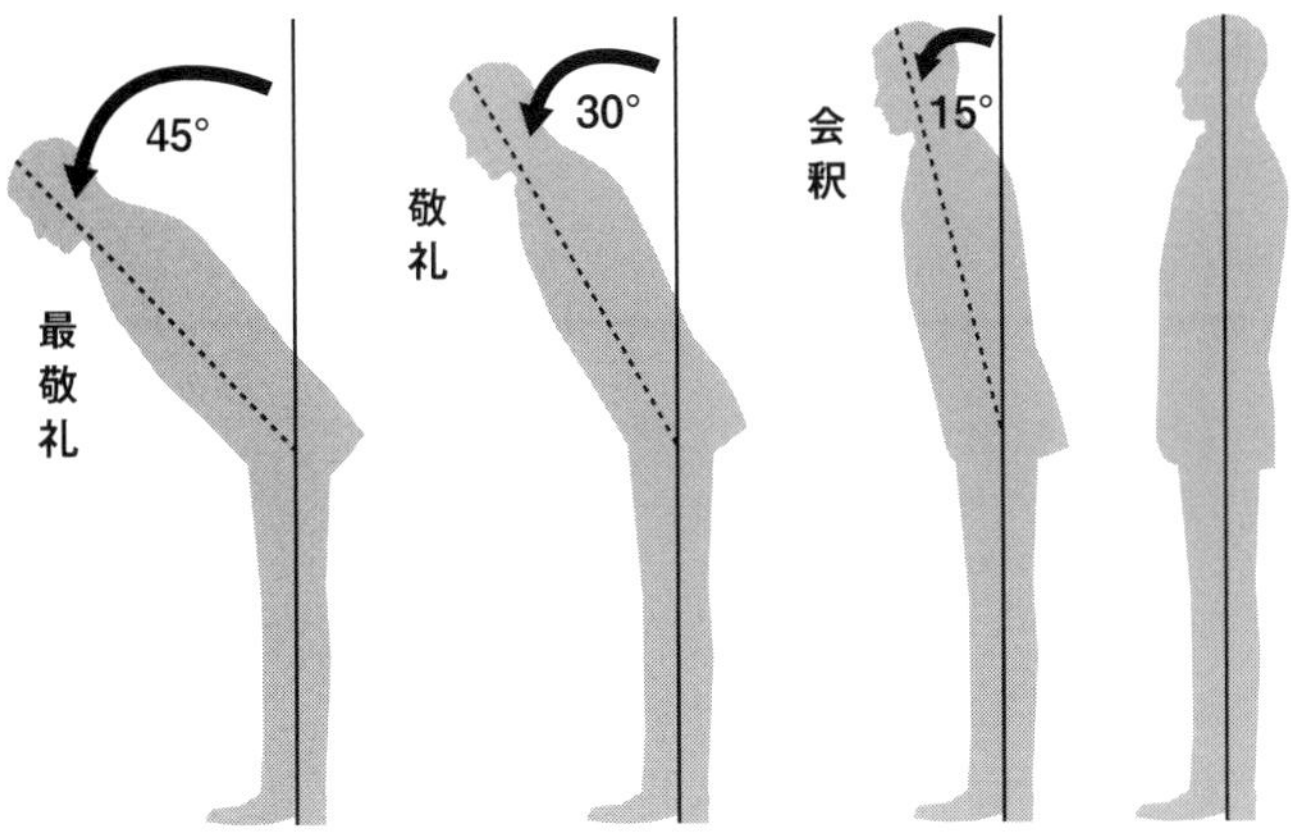

ください。

❶礼（おじぎ）

おじぎには、会釈、敬礼、最敬礼があります。

会釈は主として挨拶を交わすとき。敬礼はお礼のことばを伝えるときや、あらたまった場の挨拶。最敬礼はお詫びのときにします。

【図表5】のように、頭の先から腰までを一直線に、会釈は15度、敬礼は30度、最敬礼は45度傾けます。

その際、手は体の両脇につけます。しっかり伸ばし、すべての指をつけ、中指に力をいれます。

状態を傾けるときに、腕を上体の傾きに合

わせて、自然に曲げます。腰から足までも一直線です。かかとをつけ、「は」の字型にし、土踏まずに重心を置き、しっかり立ちます。

相手をやさしく見て、ことばとともに状態を傾けます。相応の角度に傾いたところでピタッと止めます。さっと状態を傾け、ピタッと止め、ゆっくり上げます。

これは、相手より先におじぎをし、相手より後から頭を上げることです。相手への敬意を態度に示すのです。最後に、また相手をやさしく見ます。

きれいなおじぎは、相手に好印象をもたらします。しっかり練習なさってください。

❷背

背筋や腰、膝を伸ばします。反ってしまうと尊大な印象を与えかねません。**また、前かがみになると自信なさそうな印象を与えます。**

❸目

状況にもよりますが、やわらかい、やさしい視線を相手に投げかけます。相手を凝視しないよう気をつけましょう。

相手の顔全体に焦点をあてるように、あるいは、両目と口を結ぶ三角形に視線を置くように心がけましょう。

また、「目は口ほどに物を言う」と言われます。**きょろきょろしたり、伏し目がちにならないよう気をつけてください。**

❹手

手の動きも気になります。目障りにならないよう、できるだけ動きを少なくしましょう。自然に両側に垂れるか、軽く両手を組んで、自然に前に降ろすとよいでしょう。

この場合、指が無駄に動かないよう意識なさってください。

❺足

足はかかとをしっかり床につけ、上体の重心を両足にかけるようにします。

このとき、膝を曲げたり伸ばしたり、かかとを上げたり下げたりしないように気をつけてください。

［図表6］場面に応じた適切な服装と表情

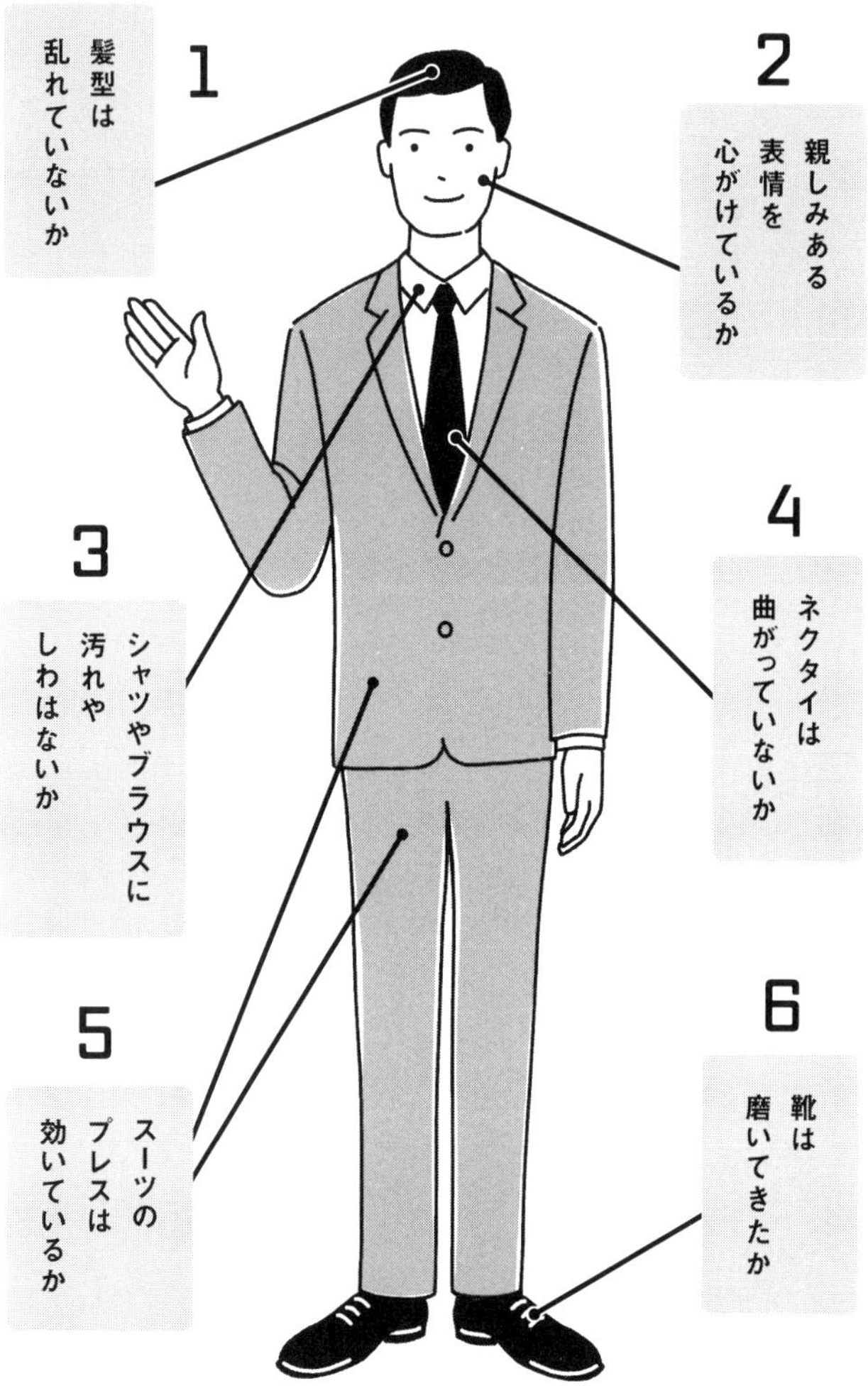
1
髪型は乱れていないか
2
親しみある表情を心がけているか
3
シャツやブラウスに汚れやしわはないか
4
ネクタイは曲がっていないか
5
スーツのプレスは効いているか
6
靴は磨いてきたか

❻服装

服装も相手や状況に応じて適切なものを着用しましょう【図表6】。

特に清潔感が大切です。好意的な関係を築くうえで服装に無神経にならないようにしましょう。自分勝手に決めつけた服装も禁物です。

夏場、「今はクールビズだから」と初めて会うお客さんのところにラフな服装で訪問するのは厳禁です。ネクタイをしていけば、お客さんは「クールビズなのですから……」と言ってくれるでしょう。そのくらいでちょうどよいのです。

❼表情

人は、一般に明るい表情を好みます。感じの良い印象を持ちます。暗い表情は不快感を与えかねません。

状況にもよりますが、状況が許す限り、にこやかな明るい表情を心がけましょう。

❽身だしなみ

服装同様、状況に応じて適切な身だしなみを心がけてください。

ポイントは常に清潔で、品位があることです。これも自分ではなく相手がどのように感じるかを意識してください。とにかく無精をしないように意識しましょう。

また、相応の事情がない限り、マスクをしたまま人と話をしないことです。もちろん医療行為などで許容される場合もあります。コロナ禍においては、感染拡大を防ぐためにマスクをして人と話すことはやむを得ません。しかし、これが常識だと勘違いなさらないでください。感染症が収まった後、一般的には気をつけたほうがよいでしょう。特に初めて接する人の場合、不快感を与えかねません。そのうえ、マスクをしているとことばが伝わりにくいので、聴き取りづらいです。

表情がわかりにくいので、話し手の真意を把握しづらいです。話す側、聴く側、双方にとって効果的ではありません。要注意です。

❾癖なくせ

俗に「なくて七癖」と言います。やたらに手を動かしたり、咳ばらいをしたり。相手を不快にさせかねない目障り、耳障りな「癖」をなくすよう意識してください。

他にも威張った態度、落ち着かない態度、気取った態度、卑屈な態度、なれなれしい態度、投げやりな態度など、慎まなければなりません。自分ではそういうつもりでない場合が多いです。

仕事の立場上、身についてしまった態度などもあります。職場ではよくても、客先や地域で人とかかわる場合に、「ずいぶん偉そうな感じの人だなあ」などと相手に不快感を与えかねません。

また、気持ちの伴わない形ばかりの「好ましい態度」も逆効果です。効果を上げるためには、好ましい態度と気持ちを一致させることが前提であることを忘れないでください。「態度に気をつけて」一つひとつ意識して実践なさってください。

原則 3

「思えば思われる」返報性を意識してみる

「思えば思われる。嫌えば嫌われる。無視すれば無視される」と言われます。自らの気持ちを反映した言動がやがて自分に返ってくる。これを好意の返報性《へんぽうせい》といいます。

何かお世話になったり、協力をしてもらうと、お返しをしたくなりませんか？**心理学で「返報性の原理」と言うそうです。**

かなり前のことです。勤めていた会社を辞めて数年が経っていました。ある朝7時過ぎだったでしょうか、自宅から最寄り駅まで歩いていたときのことです。私の傍らを追い越していく男性に目が止まりました。

「あっ、○○さん」声をかけました。職場で同僚だった○○さんでした。

「いや〜、久しぶりですね。あれっ。こちらにお住まいでしたか？」

話を聴いてみると、最近引っ越してきたとのことでした。それから、時々○○さんを見かけるようになりました。

だいたい私の横を通り過ぎていきます。

「あっ。○○さん、おはようございます。今日は寒いですね」

私が声をかけます。

不思議なことに、○○さんから先に声をかけられたことがありませんでした。徐々にそのことが気になりました。

いつも、私の横を無言で通り過ぎようとしているのではないか？　だんだん、交わすことばが重たくなっていったように思います。なんとなく、声をかけるのが辛くなりました。

「声をかけられるのは迷惑なのかな？」と思えてしまうからです。

○○さんはそういうつもりではなかったのかもしれません。

しかし、「無視すれば、無視される」気持ちが離れてしまうのです。人間ですから。人を無視するものではないと、頭でわかっていても心が離れてしまうのです。悲しいことです。

できることなら、「思えば思われる」を実践したいですね。

しかし、ことばでいうほど簡単ではありません。人間は感情の動物ですから。嫌いな人、

［図表7］「好意」「普通」「苦手」の関係

苦手な人を「好きになりなさい！」と言われても無理ですね。

ですから、次のように考えたらいかがでしょうか？

まずは、好意的な関係を維持することです。不用意な一言で、せっかく築いた良い関係を壊さないように。普通の関係がぎくしゃくした関係にならないように。注意しなければなりません。

そして、できれば何かきっかけをつかんで、普通の関係から好意的な関係を築けるよう努力したいですね。

さて、嫌いな人、苦手な人をどうするか？まあ、付き合わなくてもいいのであれば、それでいいのかもしれません。避けることができるなら、それでもいいでしょう。

しかし、職場では、なかなかそのようにできないのではありませんか？ 場合によっては、1日8時間、週に5日間顔を合わせることになりますね。1年、2年、3年以上、続くかもしれません。こんな辛いことはありませんよ。

まずは何とか、それ以上ぎくしゃくした関係にならないように努めましょう。そして、何らかのきっかけをつかんで普通の状態に近づけていく努力をしてみましょう。

この場合、後述する「好意を持ちやすい条件」などを生かすとよいでしょう。苦手な人、嫌いな人に好意は持てなくても、普通の状態に近づけていくのであれば、なんとかがんばれそうですね。たとえ最悪の場合でも、それ以上悪化させないようにすることが大切です。ともに努力してまいりましょう【図表7】。

原則 4 好意を持ちやすい条件を生かす

人は皆、個性的です。考えも嗜好も性格も違い、人それぞれです。

そういう「人」を相手に「好意的な人間関係を築く」努力をしましょうと言われても途方にくれますね。

そこで、「好意を持ちやすい条件」を生かしましょう。

一般に人が好意を持ちやすい条件として次の7つを紹介しています。

❶共通性

出身地が同じ、学校が同じ、苗字や名前が同じ、職場が同じなど何らかの共通点があると好意を持ちやすいものです。

私の話力の師、永崎一則先生は1926年生まれ、鹿児島出身、早稲田大学卒業です。

普段は、表情を崩さず、威風堂々としています。どちらかというと、近寄りがたい印象です。

しかし、相手が鹿児島出身、あるいは早大の後輩とわかると、急ににこやかに楽しそうに話しているのが印象的でした。

また、勤めていたころのことです。ある会合で自己紹介をしました。

「T社の秋田です」

その会合の懇親会で女性の方が話しかけてきました。

「秋田さん、T社なのですね。私の父がT社でした。定年退職しましたけれど」

この話をきっかけに、話がはずみました。この方とはそれ以来30年以上のお付き合いです。

仕事で秋田県を訪れたときのことです。

たいへん心地の良い思いをしました。ホテルに到着し、フロントで姓名を記載していますと、フロントの女性がニコニコしているではありませんか。

最初、このホテルはずいぶん愛想がいいなと思いました。しかし、他の宿泊客を見ていると普通です。さては、「秋田が秋田県を訪れたから？」と思いました。半信半疑でした。

翌日、目的の団体を訪れ、名刺交換しました。

「話力総合研究所の秋田です」と言って、名刺を差し出しました。

相手の方も名刺を出してくださいましたが、名のるよりも早く、「秋田さんとおっしゃるのですか？ ご出身は？」

ニコニコして、そうおっしゃいました。苗字が「秋田」というだけで、話がはずみました。

皆さんにもこういう経験がいくつもありますね。

❷類似性

性格が似ていると合わせやすいですね。相手の考えや行動も比較的理解しやすいでしょう。趣味が似ていれば会話がはずみ、結びつきが強くなります。

❸等価性

価値観が同じであれば、近づきやすいですね。誰かのファンや、スポーツの応援しているチームが同じだと、それだけで親しみを感じるでしょう。

野球やサッカーの観戦にスタジアムに行き、気づいたら見ず知らずの隣の人と肩を組んで応援していた！　などということはありませんか。

同じ政党や政治家を応援している。同じ宗教である。ボランティア活動に精を出しているなど、価値観が同じであれば、心理的な結びつきが強くなるでしょう。

❹空間性

人は近い距離にいると、距離が遠いよりは親近感を持ちやすいものです。

20代のころ、ほとんどの同僚は職場結婚でした。そのほとんどが、お互いの席が近かったように思います。

また、何らかの体験を共有していると、親近感を持ち、話がはずみやすいです。富士山に登った経験、外国の同じ都市に行った経験などですね。

❺相補性《そうほせい》

お互いに補い合うものがあると、近づきやすいです。

堅実な人と社交的な人、話の上手な人と文章のうまい人などです。ですから、何か一つ、二つ特技を持つと、人が近づいてきますよ。

「特技」と大仰に考える必要はありません。個性、特徴、取り柄と考えて、磨いてみましょう。

❻美貌性

人は美しいものに心を惹かれます。「それでは、私は顔（体形）がよくないから、無理！」そうではありません。小綺麗にしていることが大切です。

どうでもいいといった無神経な外見、なりふりかまわない容姿などはあらためるべきです。外見とともに、内面の温かさ、やさしさも磨いていきましょう。

❼ユーモア性

申し上げるまでもなく、明るくユーモアに富んだ人の周りに、人が集まってきますよね。自分を隠して見せないと、相手にも警戒されます。自己開示が大切です。天真爛漫、あっけらかんとして人に接することも必要なのかもしれません。もちろん状況に応じて、適度にではありますが。

いかがでしたか。皆さんと好意的な関係にある人のことを考えてみてください。その関係は、「好意を持ちやすい条件」のどれかから始まっていませんか？

これは、好意的な人間関係を築くためにどのような努力をしたらよいかの目安になるはずです。また、話のきっかけとしても使えます。

これらの条件を生かし、周囲の人たちとよりよい関係を築いていきましょう。

原則5 温かい関心を持って、やさしい気持ちをことばで伝える

温かい関心を示されれば、大多数の人は快く感じるのではないでしょうか。やさしさを示されればなおのことです。プラスの心的変化が蓄積されることで、相手への好意が増幅されるのです。

しかし、たとえ温かい関心を持っていても、やさしい気持ちを持っていても、それを相手に「示す」ことができなければ何にもなりません。

「以心伝心」はほとんど期待できません。人間ですから。

では、どうすればよいでしょうか？　そうですね。ことばで相手に伝えることです。

この場合、表情、態度、しぐさも、ことばに合わせて「温かい関心」「やさしさ」を示すものでなければなりません。相手に応じて、適切なことば、態度、表情、しぐさが求め

られます。

ただし行きすぎに注意してください。「セクハラ」と言われないように。相手に不快感を与えては逆効果です。

また、変な関心を示さないように注意してください。

「Aさん、今日誕生日だね。いくつになったんだ。えっ。まだ20代！　ずいぶん老け顔だなぁ」

ついうっかり余計なことを言ってしまっては、マイナスです。

応じる側も同様です。せっかく相手が関心を示してくれているのに、不用意な一言で雰囲気を台無しにすることもあります。


ずいぶん前のことですが、私の失敗談です。息子の小学校の保護者会だったと思います。親がお弁当を持参して会食しながら親睦を深める企画だったのでしょう。

お弁当を持参し、参加しました。私の目の前に座った恰幅の良いお母さんが話しかけてきました。

「あら、そんなに小さなお弁当で足りますか？」

「あんまり食べると太るので……」

「……」

しまった！　と思いましたが、ことばは消せません。

それから、気まずい雰囲気になってしまいました。親しくお話しするきっかけを作ろうとしてくれたのだと思います。せっかくのチャンスをたった「一言」でつぶしてしまいました。

皆さんは、こうしたことにならないよう気をつけてください。

温かい関心を持って、やさしい気持ちを具体的なことばで伝える。ことばとともに、態度、表情、しぐさで示す。ちょっとしたことの積み重ねです。

具合が悪そうであれば、「体調がすぐれないのですか？　お大事になさってください」

ニコニコしていれば、「何かいいことありましたか。うれしそうですね」

忙しそうにしていれば、「忙しそうですね。何かお手伝いできることがあったら声かけてくださいね」

こうした一言の積み重ねが好意的な関係を築くことにつながるのです。ともに努力していきましょう。

原則
6

相手の話をよく聴くことが良い関係を築くカギ

「傾聴は愛のはじめなり」、これは道元禅師（1200～1253）のことばです。

道元禅師は曹洞宗の開祖で、福井県の永平寺を開いた鎌倉時代初期の禅僧です。多くの良いことばを残しています。そのひとつが、この「傾聴は愛のはじめなり」です。

わたしは、このことばを「相手の話をよく聴くことが好意的な人間関係を築くことにつながる」と解釈しています。

職場や日常生活の中で、皆さんの話をよく聴いてくれる人に対してどういう感情を持ちますか？　決して「不快」ではありませんよね？　多少なりとも心地よい気持ちになりませんか？　この気持ちが繰り返されることにより、相手に対して徐々に好意を持つようになるのです。

また、皆さんの愚痴を聴いてくれる人に対して、どういう気持ちを持ちますか？

「いい人」ですよね。一般に、他人の愚痴は聴きたくないですよね。それにもかかわらず、熱心に聴いてくれる人。それは自分にとってかけがえのない人になるはずです。

人は本来、話したい動物です。話したい欲求を「傾聴」で満たしてくれる相手に対して、好意を持たないはずはありません。

日ごろから聴く側に回ったときには、意識して「傾聴」を心がけてください。

相手にやさしい視線を投げかけながら聴くのです。

あいづちを打ちながら聴くのです。

熱心に聴いているということを相手に伝えながら聴くのです。

相手の気持ちをくみ取りながら聴くのです。

相手の本音、真意を正しく受け止めようという気持ちで聴くのです。

話を聴くときは、どんなに忙しくても、相手に向き合って、聴くことに集中します。何かをしながら聴くことや、聴き真似はもちろん厳禁です。

日ごろから「傾聴」を心がけ、好意的な人間関係を築く努力を続けましょう。

原則 7

相手の価値を認める「ほめ上手」になろう

「ほめ上手ほんとうはほめてもらいたい」「ほめられたことばを自分で言ってみる」という川柳を聴いたことがあります。確かにそうですね。

「ほめられたい」という気持ちは、誰もが持っているのではないでしょうか。

なかには、「私はほめられたいと思わない」などと言っている自信家もいるかもしれません。しかし、そういう人でも、「尊敬するあの人にだけは認められたい」という思いを持つものではないでしょうか。

「相手に認められたい」という、人が持っている普通の願望に応えていくことが大切です。

その結果として相手から好意的な感情を持たれることになるのです。

思っていても伝わりません。ことばに出さなければ伝わりません。「おせじ」や「おだてる」ではいけません。事実でないからです。

事実を伝える。自分が感じた気持ち、感動した気持ちをことば、表情、全身で伝える。

そして、相手に「認めてくれた」と思わせる。

日ごろからこうした努力をなさってください。そして、習慣にしてください。自然にことばが出るようになればいいですね。難しいことではありません。一言でもいいのです。要は継続することです。

東京の神田駅西口にある中華料理店に初めて入ったときのことです。

夕食には早い時間帯だったのですが、5、6組のお客が入っていました。40代くらいの男性店員がひとりで接客していました。すごい表情で、汗をかきながら走り回っています。驚くほど手際が良くて、感心していました。私たちのところに注文した料理を持ってきたところで、声をかけました。

「おにいさん……」

その店員は、「遅い」と文句を言われると思ったのか、一瞬顔がこわばり、身構えていました。

「おにいさん、手際がいいね。ひとりなのに、テキパキ。でもひとりでたいへんだね」

みるみる男性店員の顔が崩れました。

「この時間帯にこんなにお客さんが来ると思っていなくて。もうすぐ、2人来ますので。

遅くなってすみません」

たった一言でした。私の素直な気持ちを表現しただけです。しかし、彼はその一言で、私を覚えてくれました。先ほどまでの、ものすごい形相は影を潜め、私のテーブルに来たときはたいへんフレンドリーに応対してくれました。それればかりでなく、数週間後に店を訪れたときも忘れていませんでした。そのうち、食後のデザートをサービスしてくれるようになりました。

あとからわかったのですが、彼は店長でした。別にサービスを期待して話したわけではありません。相手の価値を認めることばを素直に表現しただけです。たった一言発しただけです。

これは一例ですが、私は相手を認める肯定的なことばを発するように心がけています。どこでも、誰にでも、できる限り。


仕事で札幌に行ったときのことです。

空港内のすし店に入りました。お店の女将さんと思《おぼ》しき70歳を超えているであろう女性が、大きな声で「いらっしゃいませ」「ありがとうございました」

若々しい声なのです。声が透るのです。私は帰り際、この女将に声をかけました。

「よく透る、きれいなお声ですね」

「えっ!?」

女将さんは一瞬戸惑った表情を浮かべたのち、顔をくしゃくしゃにしながら、にこやかに、また一段と大きな気持ちのこもった声で「ありがとうございました!」。

たった一言が、相手の気持ちを快くします。その結果が好意につながります。見ず知らずの人に対してもこれだけの結果が出るのです。

ですから、家庭や職場の身近な人に手を抜かないでください。

具体的な「ほめ方」についてはchapter9でお話しします。

まずは、好意的な人間関係を築くためにも、相手の価値を認める努力をしていきましょう。

原則 8

肯定的に受け止め、心を開いて接する

人とかかわりますと、相手のことば、表情、しぐさや行動の結果について、快く思うこともあれば、不快に感じることもあるでしょう。

不快なことが続きますと、当然ながら、相手に対してマイナスの感情が高まります。逆に快く思うことが多くなれば、相手に対する好意的な感情が増すのではないでしょうか。

どのような事柄にも、「快く」感じる肯定的な側面と「不快」に感じる否定的な面があるものです。難しいことかもしれませんが、できるだけ肯定的に受け止める努力をしてみましょう。

例えば、「頑固な人」は、肯定的にとらえれば「意志のかたい人」ですね。

「おせっかい」は「面倒見が良い」

「でしゃばり」は「積極的」

「優柔不断」は「柔軟性がある」

「奇人・変人」は「個性的」

「単純」は「わかりやすい」

「主体性がない」は「協調性がある」


お酒好きのAさんから聴いた話です。

時々友人を家に招いて、宴会をしていました。

あるとき、Aさんが外出中に友人がやってきました。Aさんが大切にし、少しずつ飲んでいたウイスキーのボトルを半分くらい飲んでしまいました。帰ってきたAさんはそのボトルを見て、「もう半分しかない」と叫びました。

それを聴いた奥さんは「まだ半分あるじゃない」とAさんをたしなめたそうです。同じ半分ですけれど、そのとらえ方によって印象が違ってきます。

皆さんは苦手な人をどのように見ていますか？　どちらかというと否定的な側面からとらえているのではないでしょうか？　その人はどんな人ですか？　そのことを肯定的なことばで言い換えることができますか？　考えてみましょう。気持ちが少し楽になるかもしれません。

私が大学を卒業して勤めだしたころでした。職場の先輩Bさんから、毎日細かい注意を受けていました。それは、仕事のしかたから食事のときの箸の持ち方まででした。

その当時は、「うるさい人だな」「細かい人だな」などと思っていました。もちろん、苦手な先輩でした。

しかし、ある時期から思いが変わりました。Bさんに育ててもらったと思えるようになりました。若かったですね。当時から、「育ててくれているのだ」と少しでも思うことができていれば、Bさんとのかかわりは違っていたかもしれません。

さて、もう一つのポイントは、「心を開いて接する」です。

強がりばかり言っていると親近感がわきません。時には、自分の本音や弱みを見せることも必要でしょう。それが親近感につながり、好意的な関係を築くきっかけになるのです。

勤めていたころ、苦手な上司がいました。顔を合わせるのも、声を聴くのも嫌でした。避けていました。顔を合わせたとたん、無理難題を押しつけられる。そういう思いがありました。

しかし、残念ながら、仕事ですから顔を合わせないわけにいきません。いつもいやいやでした。

「仕事、仕事、しかたない」と念仏のようにぶつぶつ唱えながら接していました。

あるとき、長野県の上田まで2人だけで出張することになりました。当時は新幹線がありません。上野駅から特急で2時間。ボックス席に対面で座り、無言の2時間でした。

「仕事、仕事、仕方ない」頭の中で唱えていました。仕事が夕方までかかり、帰りの特急がありません。その日は現地で1泊することになりました。

言わなければいいのに、上司が「一杯やろう」。私は飲めないのに、付き合わされました。

そのときでした。毎日、自信の塊のようだと思っていた上司が、ぽつりぽつりと愚痴をこぼすではないですか。

「俺も辛いんだよ。業績を上げなければ、部がなくなってしまう……わかってくれよ……」

この話を聴いたとたん、これまでの胸のつかえがすうっと取れたような気持ちになりました。

いつも自信たっぷりなこの人にも、こんな面があるのだ。この人が言ってくる無理難題にチャレンジしようじゃないか。そんな前向きな気持ちになったのを覚えています。

徐々にでしたが、普通にかかわることができるようになりました。そして、上司が職場を離れるときに、私は「一緒に夢のある仕事ができて楽しかった！」と言っていました。本心でした。変われば変わるものです。相手の本音、弱みを聴いて、自分が変わったのです。

ちょっとしたことが大きな改善につながることもあるのです。

「ものごとを肯定的に受け止め、心を開いて接する」努力を続け、周囲と好意的な人間関係を築いていきましょう。

本章では「話の効果を上げる好意的な人間関係を築く8つの原則」をお話ししました。

このほかにも、名前を覚える。「君」「あなた」「おたく」ではなく「姓名」で呼ぶ。にこやかな表情で接するなど、努力項目はいくつもあります。

原則を踏まえ、自ら工夫してください。

chapter

3

話は「話し手」と「聴き手」の共同作業

話の効果とは何か

プロローグで「話し方」「聴き方」のノウハウは生かせないとお話ししました。ノウハウ通りにいかない日常や職場では一つひとつが応用問題です。当てはまらないのです。

それはそうですよね。「話」は、話し手と聴き手の両方が話し、聴くから成立するのです。話し手と聴き手の共同作業なのです。

どんなに上手に話しても聴き手が聴かなければ、それこそ話になりません。どんな聴き上手な人でも、話し手が支離滅裂に話してきたら困るでしょう。

本章では、話の効果とは何か、効果を上げるためにどうすればよいかを解き明かします。

1 相手を「聴く気にさせる」技術とは

ことばを発すれば、相手は聴いていると、多くの人が誤解しているようです。あるいは、ことばを発したからには、「聴くものだ！」「聴くべきだ！」と思っているのかもしれません。

ですから、職場などで、「話した」「聴いていない」と、時々「言った言わない」の不毛な口論が始まるのですね。

何らかの目的を持ってことばを発するのでしたら、少なくとも相手を「聴き手」にしなければなりません。

「聴き手にする」ということは、聴く意思を持たせること。「聴く気にさせる」ことです。

そのためには、次のことに気を配りましょう。

❶聴こえる声で話す

昼時の混雑しているそば屋でのことです。

お客からお客へ店員が忙しく動き回っていました。

中年の男性が私の隣に座りました。お茶を出されて、「天ぷらそばね！」と小声でことばを発しました。

店員はお茶を置くや否や他のお客に向かっていました。案の定、私が食べ終えても、隣の男性の「天ぷらそば」は出てきません。

イライラが伝わってきます。店員に、「ねぇ、天ぷらそば、まだ？」店員が怪訝そうな顔をしています。

「もういい、帰る！」。その男性は出て行ってしまいました。

2人の店員が話をしています。

「あのお客さんの注文とった？」「いえ⁉」

そうなのです。ざわざわした中で、小声でした。本人は伝えたつもりでしょうが、相手には聴こえなかった。これでは独り言と変わりません。

まずは相手に聴こえる声で話すことが基本です。特におおぜいの前で話をするときは、後ろまで聴こえているか確認しましょう。

❷相手の都合を考えて話す

忙しいときに話をしても、聴いてもらえないかもしれません。何か他のことに気持ちがいっているときも同様です。

特に肝心なことを話すときは、相手が聴ける状態かを考えて話すようにしましょう。

話したいときに話すよりも、相手が聴けるときに話すほうが効果的です。

日常でもそうですね。

疲れて帰ったときに、妻が一日の出来事をまくしたてる。

聴いていられないですよ。「うんうん」言っていると、お父さんはいつも上の空なのだからと言われてしまう。

好きなスポーツ番組を見ているところで、子どものことを話し出す。

あとでその話題が出て、

「えっ、何のこと?」と言うと、

「さっき話したじゃない。お父さんはいつも私の話聞かないのだから」と言われてしまう。

これらはシニアの男性に多い愚痴ですね。

❸注目させる

どうしても今話したいのであれば、話に意識を向けさせる工夫が必要です。

❹予告する

何の話をするのかを伝えて、聴く準備をさせましょう。

❺確認しながら話す

一方的に話しても効果的ではありません。話し始めるときも、話しながらも、聴いているかどうか確認しながら話すようにします。

❻相手を知り、相手に対応する

相手の性格や興味などに応じて、効果が上がるように工夫しましょう。

「話の効果を上げるため、聴き手の心の法則に従って話せ」ですね。

聴き手を意識して、聴き手が聴きやすく、わかりやすいように話を組み立てることが必要です。

話の効果を上げるため、まずは「相手を聴き手にする」意識と努力が大切です。

2 話の効果は聴き手が決める？

話すからには、多くの場合、話す目的があるはずです。

その目的を達成してこそ、一生懸命話した甲斐があった、「話の効果が上がった」ということでしたね。

たとえ、相手を聴き手にできたとしても、効果が上がるかどうかは保証できません。また、どんなに上手に話しても、わかってもらおうと思って話して、わかってもらえなければ独り言と変わりません。

協力してもらおうと思って、理路整然、滔々と話したら、相手が「しつこい！」と怒ってしまった。もしかしたら、話さないほうがよかったのかもしれません。

話は相手を聴き手にするだけではだめなのです。上手に話すだけではだめなのです。目的を達成し、効果を上げるように話さなければなりません。

では、この「話の効果」は誰が決めるのですか？　自分で決められますか？
「これだけ上手に話したのですから、皆さん理解できましたね？」と言えますか？
「これだけ印象的に自己紹介したのですから、皆さん私の名前を忘れることはないですね」と言えますか？

残念ながら、言えませんね。そうなのです。

「話の効果は聴き手が決める」のです。

もちろん、話の主体は話し手です。社会的に許容される範囲内であれば、どんな目的をもって、どのように話してもよいのです。

つまり、**話し手は「発言権」を持っています。しかし、話し手が目的を達成するかどうかの「決定権」は聴き手に握られているのです。**

話すとき、話を聴くとき、話し手と聴き手の間には、話の効果に影響を与えるいろいろな条件があります。

親しいか、そうでないかといった人間関係。上司と部下、先輩と後輩といった社会関係、依頼する側、される側などの状況関係です。

また、話し手、聴き手、双方の表情、態度、性格、性別、理解力なども話の効果に影響を与えます。

さらに、聴き手は話を聴くときにある種の要求を話し手にしています。

例えば、「忙しいので手短に話してほしい」「専門家ではないので、わかりやすく教えてほしい」「あなたの上司であるということをわきまえて話してほしい」などですね。

しかし、この要求は、多くの場合、ことばで表現されません。

表情や態度、しぐさ、あるいはこれまでのかかわりから判断します。そして、聴き手が話の効果の決定権を握っているのですから、話し手はこうした条件や聴き手の要求を受け入れて、効果が上がるように話さなければなりません。

「聴き手に対応して話す」ということです。

もちろん、聴き手に「媚を売る」「ごまをする」などということではありません。話の目的を達成するために、独りよがりにならずに工夫して話をする（発案する）ということです。聴き手はそれを自由に判断します。

また、厄介なことに、話している間も聴き手の要求は変化します。

「ちょっと聞き取れなかった」「意味がわからなかった」「そろそろ時間だ。結論を言ってほしい」「いったい、どうすればいいのか」などです。

[図表8] 発言権と決定権

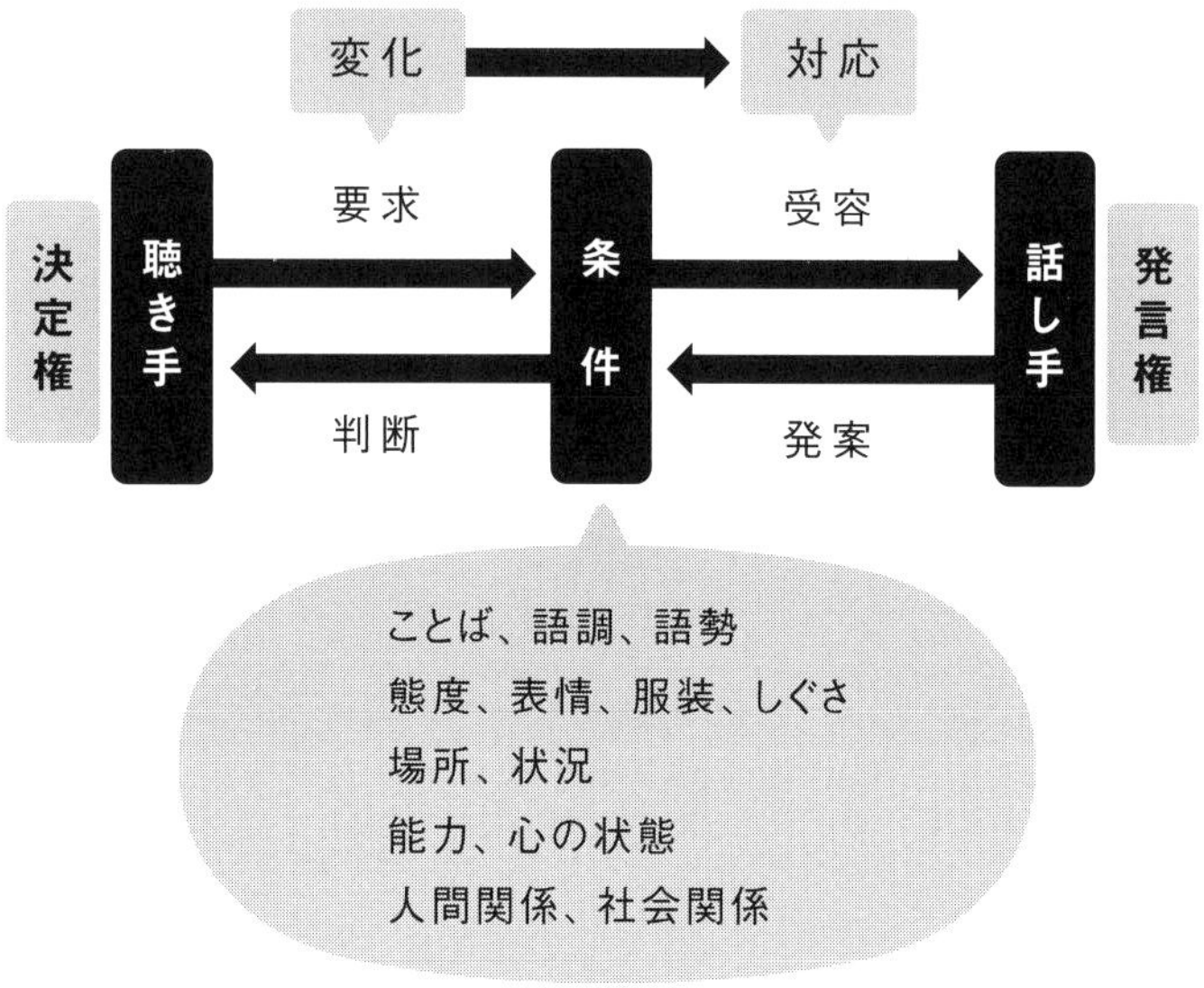

話し手は聴き手の要求の変化を的確にとらえて、それに対応して話をします。

たいへん難しい作業ですね【図表8】。

聴き手が決定権を持っているとはいえ、話の目的を達成するために、まず話し手が主体的に努力する必要があります。

また、話は共同作業です。決定権を握っている聴き手にも責任があります。

聴き手は傾聴を心がけましょう。

3 話の効果を上げる話し手の技術とは

これまで「話の効果は聴き手が決める」、話の効果の決定権は聴き手にあるということをお話しししました。

わかってもらおうと思って話して、わかってくれるかどうかは、聴き手次第です。たとえ、どんなに上手に話しても、残念ながら話し手自身が、「これだけ上手に話したのだから、わからないはずはない」と決めることはできません。

とはいえ、話が伝わらないのをいつも聴き手のせいにしていてはいけません。話す目的を持っているのは話し手なのですから。

話の効果が上がるよう次のことに気を配って話すようにしましょう。

❶目的を意識して話す

何のために話すのか？　何のために話しているのか？　話すときも、話している間も、常にこの意識を持ち続けましょう。

一生懸命話しているときに、不快なことを言われた。カッとなって、余計なことを言ってしまった。

「売りことばに買いことば」と言いますね。目的を忘れて口論してもむなしいだけです。冷静になってから、後悔するものです。

❷効果を予見して話す

こう話したら、ああ話したら？

話の効果が上がるかどうか、先を見通して話すということです。

皆さん、あまり意識していないでしょうが、なさっていますね。気持ちのわかってくれる人だから、情に訴えよう。理屈っぽい人だから、順序だてて矛盾なく、論理的に話さなければ。

ああいえば、こう言われるだろうから……、今日は機嫌がよさそうだから、今のうちに話しておこう。機嫌が悪そうだから、後にしよう。

いかがですか？　こうしたことを、もっと意識的に行うのです。

音声としてことばを発してしまっては、消すことができません。ことばを発する前に、

「こう言ったら、どのように受け止められるだろうか？　わかってもらえるだろうか？」などと、考えてからことばを発する習慣をつけましょう。

余計なことを言ってしまう人、失言癖のある人はこの点が弱いですね。こう話したらどう聴かれるか？　話の目的を達成するか？　先を見通して、相手に応じた適切な表現をとることです。

❸必要の法則を守る

必要の法則とは、「必要なときに、必要な人に、必要なことを、必要なだけ、必要な場で、必要な方法で」話すことです。

目的や状況、相手によって、この必要の法則を生かしてください。

「必要なときに」

より効果的なタイミングがあるはずです。話をするタイミングを考えましょう。

「必要な人に」

話をする人の順番を間違えると、問題がこじれるケースがありますよ。

「私は聴いていない！」と言われてしまったり、人間関係がぎくしゃくしたり、物事が進まなくなることがないように心がけましょう。

「必要なことを必要なだけ」

余計なことを話さない。目的外のことを話さない。目的に対して効果的なことを話す。人はついつい、話したいことを話したり、余計なことを話しがちです。「効果が上がることを話す」意識を強烈に持ちましょう。

「必要な場で」

おおぜいの前で話してもよいことか？　周囲に聴かれないように配慮すべきか？「必要な場」に気を配りましょう。

「必要な方法で」

メールなどの電子的な方法で伝えれば楽ですね。しかし、内容、目的、相手によっては、伝える方法を考えなければなりません。メールで済ませてよいか？　電話をかけたほうがよいか？　相手に会って話すべきか？　あるいは、会って話したり、電話で話したりしたうえで、備忘録としてメールを送るか？　より効果的な方法を用いましょう。

❹態度に気をつける

話を聴いてもらえるかどうかは話すときの態度で決まると言っても過言ではありません。話すときの態度にも気を配りましょう。

要は好感の持てる感じの良い態度で話すことです。

❺ことばづかいに気を配る

話はことばづかいで評価されるものです。最近のことばの乱れは、気候変動と同じくらい深刻です。

「なので〜」「〜の形となっております」「お客様のおっしゃられましたことは〜」「資料のほう〜」などですね。

不快なぶっきらぼうな表現。冗長な表現。例を挙げていくと、きりがありません。年齢や立場にあった適切なことばづかいを意識してください。

❻すべての原則を守る努力をする

いかがでしょうか？　話の効果を上げるための話し手の努力。たいへんですね。話力のすべての原則を守る努力を続けましょう。

最初からすべては無理ですね。しかし、一歩一歩、より効果が上がるように意識的な努力を継続なさってください。コツコツ努力です。必ず変わります。必ず成果が出ます。ともに努力してまいりましょう。

4 中身で勝負したいなら、態度に気をつけよう！

話すときの態度が大切だとお話ししますと、「そうかもしれないが、態度は枝葉。中身が大事。中身で勝負！」などと反論されます。

特に自信家はそうですね。おっしゃる通り、「中身」、話の内容が大切です。薄っぺらな内容では効果的ではありません。内容で勝負するのです。

しかし、ちょっと待ってください。内容で勝負するためには、その前にあるハードルを越えなければなりません。

そのハードルが話すときの「態度」です。

「態度は視覚に訴える言語」と言われます。内容の良し悪しを評価するには少々時間がかかります。

一方、態度は一瞬で評価されます。聴き手が話し手を見たときに「快」「不快」を与えます。「不快」に感じたとき、その人の話を聴こうと思いますか？　どんなに良い内容を持っていても、どんなに経験を積んでいても、それを生かすことができなくなります。

話し手がズボンのポケットに両手を突っ込んで、サングラスをかけ、マスクをしたまま話しだしたら、いかがですか？　皆さんは話を聴こうと思いますか？

せっかく良い内容を持っていても、話す前に聴き手が耳を塞いでしまう結果になりかねません。

あるいは、良い内容を適切に評価してもらえないかもしれません。

「あの人の話、どうも感じ悪かったね」「偉そうなことを言っていたね」「人を小ばかにしているよね」などですね。

話は「態度で評価される」のです。ですから、内容を持っている人ほど、内容で勝負できる人ほど、聴いてもらえるように話すときの態度に気をつけることが大切なのです。

「態度は話の効果を左右する」のです。

自分のことはなかなか見えないものです。気づかないものです。態度に気をつけて話すには、意識と努力が必要です。

某製薬会社役員のTさんは、おおぜいの前で話すとき、ズボンのポケットに手を入れてしまう癖がありました。

話力講座を受講し、そのことを指摘されました。Tさんは何とか改善しようと努力しましたが、長年の癖です。なかなか直りません。

そこで、Tさんは覚悟を決めました。手を入れられないように、ズボンのポケットを縫ってしまったのです。時にはこうした努力も必要かもしれませんね。

「態度に気をつけて」話をする意識と努力。威張った態度、だらしない態度、落ち着かない態度、卑屈な態度、気取った態度など。要は相手、聴き手を不快にさせないことです。

具体的なチェックポイントは、「背目手足服表情身だしなみ癖なくせ」です。

chapter2の原則②「好ましい態度が良い関係を築く」をもう一度ご覧になって

ください。

話すにふさわしいよい内容を、感じよく、好感の持てる態度で話すようにしましょう。

5 決定権を握っている聴き手には責任がある

「話の効果は聴き手が決める」「話の効果の決定権は聴き手にある」と申しました。

だからといって、聴き手がこの決定権をふりかざし、話がわからない、話し手の真意をくみ取れないことを話し手のせいにしていても何ら生産的ではありません。

「話の効果の決定権は聴き手にある」という原則は話し手のためにある原則です。

聴き手のための原則は、「聴き手は決定権を持っている責任がある」ということです。

聴き手には決定権を持っている責任を果たす努力が求められるのです。


本章で述べてきた通り、話は、話し手と聴き手の共同作業です。

話し手は、聴き手にとってわかりやすいように、聴きやすいように、受け止めてもらえるように、聴き手に対応して効果的に話す努力をします。

一方、聴き手は話し手の真意を推し量りながら、熱心に耳を傾けて聴く努力をします。両者の努力によって、はじめて「効果的な話」になるのです。

効果的に聴くのは難しいですよ。少なくとも熱心に聴く姿勢が大切です。

そして、聴き手の「傾聴」の努力は必ず報われます。

「傾聴は愛のはじめなり」

道元禅師（1200〜1253）のことばでしたね。相手の話をよく聴く結果として、相手から好意を持たれるのでした。好意的な関係を築ければ、自分が話をするときの効果も大きくなります。話を聴いてもらえます。話を肯定的にとらえてもらえます。

聴く側に回ったときに、相手の話に耳を傾け、考えながら集中して聴く。真意を推し量りながら聴く。「傾聴」を心がけましょう。

chapter

4

「感じよく」「正確に」「わかりやすく」

話の効果を上げる表現の三原則

chapter3でお話しした通り、聴き手が話の効果を決めるのですから、聴き手に対応して話さなければ効果が上がりません。

話の効果を上げるには「聴き手の心の法則に従って話せ」とお話ししました。しかし、そんなことを言われても困りますよね。

聴き手の「心の法則」などわかりようがありません。

「聴き手に対応して話せ」と言われても、難しいです。よほど気心が知れていれば、何とかなるかもしれませんが……。

そこで、多くの人が許容するであろう話し方を身につける必要があります。話の効果を上げる「表現の三原則」です。

「感じよく」「正確に」「わかりやすく」話すことです。

まずは表現の三原則に従い、そのうえで聴き手に対応していく努力をなさってください。

1 「感じよく」話すとは？

相手に自分の話を聴いてもらうためには、感じよく話すことです。

決定権を持っている聴き手に「感じが良い」と思わせる話し方、ことばづかいを心がけてください。具体的には、次の点を意識してください。

❶肯定的に話す

肯定の反対は「否定」ですね。時々ならばよいかもしれませんが、否定ばかりされるとおもしろくないものです。

「あそこのお店、安いね」「高いよ！」

「ここのラーメンおいしいね」「まずいよ！」

「今日は寒いね」「別に寒くないよ！」

こうしたことが繰り返されますと、徐々に人間関係が損なわれてきます。あるいは、何かをきっかけに、それまでに蓄積された鬱憤が爆発することもあるかもしれません。

「正直者が嫌われる」と言いますね。自分に正直なのはよいのですが、相手への配慮に欠けると、よからぬ波紋を投げてしまうかもしれません。

三十数年前ですが、今でも覚えていることがあります。

20代前半の部下Uさんとともに客先へ向かっていました。寒い日でした。私はUさんに声をかけました。

「今日は寒いなぁ。U君は北海道出身だったね。この程度では寒くないか？」

少しの沈黙の後、Uさんがことばを発しました。

「寒いと言っても暖かくなるわけではありません！」

私は思わずことばに詰まってしまいました。Uさんの言ったことは確かにその通りです。反論の余地がありません。しかし、なんとも心を乱される表現です。

たわいのないおしゃべりですから、白黒つけなくてもよいのではないでしょうか？

「そうですね。寒いですね」と返しておけば、気持ちよく会話ができたはずです。

「熱意が空回り」ということもあります。

営業の担当者が顧客に商品の説明をすると、顧客から「おたく高いよ！」と言われてしまいました。

熱心のあまり、カバンの中から競合他社との価格比較表を出して見せ、「何言っているんですか！　A社、B社、C社、当社。ほら、うちが一番安い！」

いかがですか？　場合によってはお客さんから「帰れ！　二度と来るな!!」と言われかねないのではありませんか。

頭ごなしに否定されると感じが悪いですね。否定するなということではありません。否定する場合も、相手が受け止められるよう感じよく否定する表現を工夫することです。

例えば、肯定的に否定する。イエスクエスチョン法、あるいはイエスバット法を用いるとよいですね。

まずは「そうですね」と相手の言い分を受け止め、相手の自尊心を守ることです。

そのうえで、「でも、こういう場合はどうですか？」などとやわらかく切り返していくことが大切です。

先ほどの例では、お客さんから「おたく高いよ！」と言われた。それを受け止めて、「そうですね。お客さんにとっては安いほどいいですよね。ですから、当社も努力しているのですよ。ちょっとこの資料をご覧になってくださいますか……」

などと表現すればどうですか？

これで成約するほど実際は甘くないでしょうが、少なくとも「二度と来るな！」とは言われないですね。

もちろん、肯定してはいけないケースもありますから、状況によって対応なさってください。自分で言っても、人に言われたくないことがありますよ。

「最近、髪が薄くなってきて……」「本当に薄くなりましたね！」

「ちょっと太ってきて……」「なるほど、かなり太りましたね」

「ボケたかな！？」「相当ボケましたね!!」

こんな風に他人から言われたくないですね。

❷明るく話す

暗い表現では、ことばの意味にない意味を感じてしまうものです。

あるいは嫌な感じを聴き手に与えかねません。本当かなと疑いたくなることもあるでしょう。

例えば、帰宅して「ただいま」

普通に表現すれば、家族が「おかえりなさい」と言ってきますよね。

暗く表現したらどうでしょうか？

「ただいま」

ことばは同じですが、家族の方は何と言って出てくるでしょう。

「どうしたの？　体の具合でも悪いの？」

「職場で何かあったの？」などということになりませんか？


職場の宴会に遅れて参加したとき、仲間は何と声をかけてきますか？

「お〜。遅かったな。先にやってたよ。まず、一杯。料理もとっておいたよ。さあ、乾杯！」

普通に表現されれば、これで済みますね。

「お〜、ごめんごめん」と言って、飲んだり食べたり始まります。

一方、仲間から暗く言われたらどうですか？

「お〜、遅かったなぁ……。ほら、まず一杯。飲め！　料理もとっておいたよ……食べろ。ほら食べろ」

暗く言われたら、不気味ですよ。飲めないのでは？　食べられないのでは？　何かいたずらされていないか!?　などと余計な心配をする人もいるかもしれません。

聴き手にことば通り受け取ってもらうためにも、適度に「明るく」表現する必要があるのです。

❸聴き手に不快を与えないように「快く」話す

「ものは言いようで角が立つ」と言いますね。

相手が快く感じることばづかい、語調、表情、態度を意識なさってください。

2 「正確に」話すとは？

続いて、聴き手に誤解を与えないように「正確に話す」ことが大切です。

具体的には次の点を意識なさってください。

❶筋道を立てて話す

話がずれたり、飛んだりしないように順序よく話すよう心がけます。論理的に矛盾したり、破綻することがないように気をつけましょう。

以前の話です。夏の暑い日でした。通りを歩いていますと、洋菓子店の前で、店員が通行人に声をかけていました。

「焼きたてのケーキはいかがですか？　よく冷えていますよ！」

私は「はてな⁉」少々考えてしまいました。

「焼きたて？　よく冷えている？」

まあ、そんなに考えるほどのことではないですよね。言い間違えただけです。「できたてのケーキはいかがですか？　よく冷えていますよ」ですね。

しかし、ちょっとした言い間違えが聴き手を混乱させることもあるので注意が必要です。

聴き手が余計なことを考えてしまうと、その後の話を聴けなくなってしまいます。

また、「楽しかったことについて話します」と予告をして話し始め、「以上、うれしかったことについて話しました」ずれていますね。

「楽しい」と「うれしい」は意味が違います。

こうした点に注意し、聴き手に誤解を与えないよう筋道を立てて話す意識を持ちましょう。

❷具体的に話す

抽象的に話すといろいろな解釈が可能になります。話し手と聴き手の感じ方、とらえ方は違います。

自分が話そうとすることを正確に伝えたいのであれば、より具体的に話すことが大切です。話し手が頭の中に描いている意味、内容を、ことばを介して聴き手の頭の中に描かせるのです。

「私の趣味はゴルフです。私はゴルフが大好きです」

「映画が趣味です。この間、良い映画を見ました」

「毎日本を読んでいます。おもしろい本がたくさんあります」

ゴルフが好きなんだ。良い映画を見たんだ。おもしろい本があるんだ。

と、ことばを受け止めることはできます。しかし、こうした表現では、いったいどれほど好きなのか、どのように良かったのか、わかりません。

「おもしろい」本は、笑える本だったのか、内容が有益だったのか、話し手が伝えたい意味は伝わってきません。聴き手に伝えるには次のような工夫が必要なのです。

「普段の休日は、お昼ごろまで家でゴロゴロしているんです。しかし、ゴルフの日は違います。前日にゴルフクラブの手入れをして、バッグに入れ、枕元に置いておきます。ゴルフ場は近いので、8時に出かければ間に合うのです。しかし、なぜか5時には目が覚めます。前日に手入れしたクラブを出しているんです。気づくと、庭で素振りを始めています」

これはいかがでしょうか？

「ゴルフが好きだ」とことばでは言っていませんが、とても好きなことが伝わってきませんか？

その場の状況をわからせたい、臨場感を出したいのなら、擬音語を工夫します。

擬音語とは物音（擬態語）や鳴き声（擬声語）を表現したことばのことです。

「雨が降ってきた」と言っても、どのように降っているかわかりません。

一言、擬音語を使うだけで様子がわかります。

「雨がしとしと降ってきた」「雨がざあざあ降った」「雨がごうごう降っている」「風がそよそよ吹いている」「風がぴゅーぴゅー吹いてきた」「風がごうごういっている」

なんとなく状況をイメージできますね。

また、その場の会話を直接再現して表現するのも場合によっては効果的です。直接話法と言います。


かなり以前のことですが、印象深い自己紹介でしたので、今でも覚えています。

Kさんが話力講座を受講くださったときのことです。

『この講座を受けたかったのですが、先週まで入院していました。おかげさまで、退院し受講できました。入院中は点滴を打たれていました。私は静脈が表面に出てこないので、注射器の針を刺すのが難しいようです。その病院の婦長（看護部長）さんはたいへん上手に一回で刺してくれました。一度、たいへんな思いをしました。研修医の先生です。

ブスッ。「あっ」針抜きます。

ブスッ。「あっ」針抜くんです。

何度もやり直します。しまいに腕が腫れてきます。血がにじんできます。

私は訴えました。

「先生！　婦長呼んできてよ。だめだよ!!」

先生が応えます。

「Kさん。私も研修医としてプライドがあります。最後までやらせてください」

「先生……頼むよ～！……」』

たいへん臨場感があって、印象的でした。

❸共通の意味にとれることばを使う

大きい、小さい。高い、低い。高い、安い。遠い、近い。広い、狭い。等々。

そのことばだけでは、聴き手の理解が話し手と同じとは限りません。


若いころの体験です。夏休みに旅に出て、現地で宿までの道を尋ねました。地元の方はすぐに答えてくれました。一本道を指さし、「こっちを歩いて行けばすぐだよ」

結果、気温30度の坂道を30分以上歩きました。

話し手と聴き手が共通の意味にとれるよう心がけてください。

❹共通の方法を用いる

例えば、直立不動で「あちらをご覧ください」と言ったらどうですか？

皆さんはどちらを向きますか？ 右を向く人、左を向く人、左右に首を振る人。

「えっ」という表情を浮かべて固まってしまう人。いろいろではないでしょうか？

ことばだけでは意味が通じないことがあります。

こうした場合は、意図した方向を手で示し、視線を添えてから「あちらをご覧ください」としますね。


このように話し手と聴き手が共通の認識に立てる方法を心得ておくことも必要です。


表現の三原則2「正確に話す」。

聴き手に誤解を与えないように「正確に話す」ことを心がけましょう。

3 「わかりやすく」話すとは？

表現の三原則の最後は、わかってもらうためには「わかりやすく話す」です。「どんなに良いアイデアを持っていても伝わらない。わからせるには相当の訓練が必要だ」ある著名な大学教授がこんなことを言っていました。

国の委員会に出席し、いろいろとアイデアを提案した。しかし、十分な理解を得られなかった。と、たいへん残念そうでした。

「わからせるには相当の訓練が必要だ！」その通りですね。

しかし、やみくもに訓練しても効果的ではありません。

まずは、聴き手に対してわかりやすく話す訓練をすることですね。わかりやすく話すには次の点を意識しましょう。

❶わかりやすいことばを使う

外国語、学術用語、専門用語、業界用語、方言は、相手に応じて使うことです。

聴き手によっては、平易なことばに置き換えたり、そのことばの意味内容を説明するなどの工夫が必要です。

「アメニティが不足し、アクセスも悪くては、メンタルヘルスへのインパクトが大きい」

文章であれば、なんとなくわかるかもしれません。しかし、音声として話されたら、わかりませんよ。

「住まいの環境があまり快適でなく、交通の便も悪いと、心の健康に及ぼす影響は大きい」こう置き換えれば、なるほどと思いませんか?

「ギガバイト」はコンピュータの記憶容量を表す単位ですね。

「ギガバイト　時給いくらか　孫に聞く」などという川柳があります。

略語、流行語や、いわゆる「仲間ことば」なども要注意です。

「カコモン」「トリセツ」「シューカツ」「イクメン」わかりますか?

それぞれ「過去の試験問題」「取扱説明書」「就職活動」「育児をする男性」です。

音声では意味がわからないことがあります。普段は文脈から推測して理解しています。音声はすぐに消えてしまいますから、文脈から推測するのもかなり厄介です。特に同音異義語に気を配ってください。誤解されないように。戸惑わせないように。

「カンコウギョウの設備関係の仕事です」

わかりますか？

「観光業？」戸惑いますよ。「管工業」ですね。

「イリョウ関係の仕事をしています」

「医療」「衣料」どちらですか？

その他にも「礼遇」「冷遇」。「私立」「市立」などたくさんあります。

できるなら、漢語は和語に置き換えたほうがわかりやすいですね。

「病（やまい）の医療です」「着るものの衣料です」などとします。

また「わたくしりつ」「いちりつ」はよく使います。

❷わかりやすい発音・発声を心がける

相手に声が届かず、聴こえなかったり、もごもごしていて何を言ったかわからなければ、効果的ではありません。

聴こえる声で話す。明瞭に発音する。こうした意識が必要です。

声が小さいなどは、ほとんどの場合、生まれつきではありません。長い間の生活習慣や

［図表9］口の開け方

ア
唇をたてに開け、顎を大きく下げて発音

イ
唇を両横に引くように、平らな形で発音

ウ
円形に唇をすぼめて発音

エ
「イ」よりも下唇を少し下げ、楕円形にして発音

オ
「ア」よりも小型の縦楕円形にして発音

［図表10］発音・発声の訓練

アエイウエオアオ	カケキクケコカコ
サセシスセソサソ	タテチツテトタト
ナネニヌネノナノ	ハヘヒフヘホハホ
マメミムメモマモ	ヤエイユエヨヤヨ
ラレリルレロラロ	ワエイウエヲワヲ
ガゲギグゲゴガゴ	カ°ケ°キ°ク°ケ°コ°カ°コ°（鼻濁音）

発音方法に問題があるのです。

日ごろから次のことを心がけると改善されます。

- **腹式呼吸で、お腹から声を出す**
- **正しく口を開ける（母音の口の形を意識する）【図表9】**
- **声を出して発声練習をする【図表10】**
（ゆっくり、正確に「アエイウエオアオ　カケキクケコカコ」）
- **口を滑らかにする訓練（滑舌法）を行う【図表11】**

早口ことばを使って、一語一語ゆっくり正確に声を出し、徐々に滑らかに言えるようにします。

それから、**音の似ていることば、類音語も同音異義語と同様に気を配ってください。**

「日比谷」「渋谷」、「一時（いちじ）」「七時（しちじ）」、「2、3」「2千」、「医学部」「理学部」などです。

［図表11］ **滑舌の訓練**

ゆっくり、正確に、一音一音確かめながら

1 唇の動きを意識

武具馬具武具馬具三武具馬具
合わせて武具馬具六武具馬具

2 顎の動きを意識

お綾や親におあやまり
お綾や八百屋におあやまりと
お言い

3 舌の動きを意識

あの竹垣に竹立てかけたのは
竹立てかけたかったから
竹立てかけたのです

❸ わかりやすい言い方を意識する

以上お話ししてきましたが、その他にも聴き手がわかりやすいと思うように気を配りながら話をなさってください。あいまいな表現にならないように。

職場で、「あれ、やっといて！」「あれですね。やっときます」「あれ、やってないじゃないか」「あれ⁉」なんてことにならないように気をつけてください。

修飾語と被修飾語の位置関係や、修飾語の長さも注意が必要です。

「美しいアルプスの女性」

これでは、アルプスが美しいのか、女性が美しいのか混乱します。

「先日転勤したAさんの弟さん」

転勤したのはAさんなのか、弟さんなのかわかりません。

「アルプスの美しい女性」「Aさんの弟さん。先日転勤したのですが」としたほうがいいですね。

それから、文はできるだけ短く区切ったほうがわかりやすいです。時々、文を切らないで話す方を見かけます。

「〜なので、〜で、〜だから、〜ですし」何を言いたいのか？　結論は何なのかわかりにくいです。

また、広さや高さなどを伝えるときは、基準を示し、比較するとわかりやすくなります。

「東京ドームの2倍の広さです」「甲子園球場と同じくらいの広さです」

「釣り名人はさすがです。魚を2匹釣りました」「2匹釣って、釣り名人？」

ピンと来ませんね。比較すると納得感が出てきますよ。

「釣り名人と釣りに出かけました。我々は1匹も釣れなかったのですが、釣り名人は2匹釣りました。さすがです」

表現の三原則「感じよく、正確に、わかりやすく」を意識し、より効果的な話を心がけましょう。

chapter

5

傾聴力を磨け

聴く力が仕事の成果を
左右する

コミュニケーションの重要性を否定する人はめったにいないでしょう。

しかし、コミュニケーションについて取り上げると、多くの人が話し方に意識がいくようです。

「話し下手を解消したい」「話す力、伝える力をつけたい」「話し方を磨きたい」「上手にスピーチしたい」「プレゼンテーション力をつけたい」ということです。

私ども話力総合研究所が主催する「話力講座」にも、「聴き下手を直したい」「聴く力をつけたい」「聴き方を磨きたい」という目的で受講される方はほとんどいらっしゃらないですね。

ところで、「読む、書く、話す、聴く」という「見る」を除く日常活動は、話すより聴くことの割合が高いようです。

「自己主張の国」といわれる米国の調査でも「読：書：話：聴＝16：9：30：45」という結果だそうです。

その他にも類似の調査研究が報告されています。どれも「聴く」割合が最も高いのです。

つまり、聴く機会が最も多いということです。それにもかかわらず、多くの方が「話し方」を気にしていますが「聴き方」はあまり気にしていません。

その証拠に、「話し方教室」「話し方セミナー」は全国でたくさん開催されています。

しかし、「聴き方教室」はめったにありません。皆さん「きけている」と思っているのですね。

本当に「きけていますか？」

「一字一句漏らさず聴けますか」

「相手の本音を聴けていますか」

本章では「きく」ことについて考えます。そして、仕事の成果を左右しかねない「聴けない原因」を明らかにし、その対策についてお話しします。

意識して取り組むことにより、聴解力を磨きます。

1 聞いていたけど、聴けていたか？

「聴き方」をテーマとした話力講座では、どなたか（Aさん）の自己紹介の後に、何人かの方に質問します。

「Aさんの自己紹介、聴いてくださいましたね？　Aさんの出身はどちらでしたか？」

「あれっ。え〜と」

「Aさんは、お子さんお二人とのことでしたが、下のお子さんはおいくつとおっしゃいましたか？」

「え〜。上のお子さんは中学生と言っていたかと。あれっ、下のお子さんも中学生？？？」

こうしたやり取りになることが多いです。

皆さん、「聞」いてくださったのです。しかし、「聴」いていたかということです。

「きく」にはレベルがあるのです。

「聞く」英語では「hear」です。聞き流す。聞かされている。聞こえてくる。漠然と聞いているということです。

この「聞く」に対して、「聴く」「傾聴」英語では「listen」ですね。

これは、耳を傾けて聴く。集中して聴く。意識して聴く。積極的に聴くことです。

そしてもうひとつ「訊く」英語では「ask」「question」です。

「訊く」は「訊ねる」ですね。相手の本音、真意を引き出すように訊ねながら聴くということです。

私たちは目的や状況に応じて、この「きく」レベルを使い分ける必要があります。

そして、肝心なときは、「聞く」ではなく、「聴く」「傾聴」「訊く」でなければ効果的ではありません。

「聴く」のは難しいですよ。集中しなければ聴けないです。忙しいときに人の話を聴けますか？　余裕がなければ聴けないです。予備知識がなければ意味が解りません。

逆に豊富な知識が邪魔をして、「そんなことわかっている」と話を聴けないこともあります。聴こうと意識しなければ聴けないです。興味関心がなければ聴けない。知らない人、嫌いな人の話を聴くか、悩ましいですね。聴けないことばかりです。

そもそも訓練を積まなければ、肝心なときですらなかなか聴けるものではありません。

相手の本心が本当にわかったか？　難問です。

とはいえ、**より効果を上げるためにも、少しずつ意識的に聴く、訊く、傾聴する努力をしていきましょう。**

2 「感じよく、正確に、反応を示して」聴解の三原則とは

前項では「効果的に聴く努力をしていきましょう」と申しました。

しかし、やみくもに努力しても非効率です。また、どのように努力すればよいのか目安が必要ですね。それが、効果的に聴くための「聴解の三原則」です。

効果的に話すための「表現の三原則」は前章ですでにお話ししました。何でしたか？

聴いてもらうためには「感じよく」話す。

誤解させないように「正確に」話す。

わかってもらうためには「わかりやすく」話す。

表現の三原則は「感じよく　正確に　わかりやすく」でした。

一方、**聴解の三原則は「感じよく、正確に、　反応を示して」**です。

❶感じよく

まずは、「感じよく」態度に気をつけて聴くのです。

向かい合って、相手の顔を見て、にこやかに、親しみを込めて「感じよく」聴くことを心がけましょう。

あなたの話は興味深いから、あるいは重要だから、「私は真剣に、積極的に聴きますよ」というメッセージを話し手に送りながら聴くのです。

こうすることで、話し手は気持ちよく話をすることができます。こうした気持ちは両者の人間関係に好影響をもたらします。

自分が話す側に回ったときによく聴いてもらえるという効果も期待できます。また、話し手に余計なプレッシャーを与えずに、十分に話を引き出すこともできます。それは聴き手にとってたいへん大切なことです。

「聴き方」をテーマとした話力講座では、2人（Aさん、Bさん）一組で実習をします。向かい合って、どちらかの方（Aさん）に2分間自由に話をしてもらいます。

もう一方のBさんには、できるだけ一字一句もらさないように真剣に聴いてくださいとお願いします。そのうえで、腕を組んで、目をつぶって、反応を示さないで「真剣に」聴いてもらいます。

さて、結果はどうでしょうか？　話をしてくれたAさんに尋ねます。

「話しやすかったですか？」

十中八九「話しにくかった」とおっしゃいます。

もう一つ質問します。

「2分間短かったですか？」

「長かった」「話していてもおもしろくないので、早く終えたかった」

などとおっしゃいます。次に、Bさんに尋ねます。

「聴けましたか？」

8割前後の方が「聴けなかった」と答えます。聴く態度が重要なのです。

❷正確に

誤解しないように、相手の真意、本音を引き出すように聴きます。相手の表情やしぐさに真意が隠れているかもしれません。

ことばだけを聴いて、早合点するのではなく、相手の本音がどこにあるのかを考えながら聴きましょう。また、誤解していないか、確認する習慣をつけるとよいですね。

❸反応を示して

「あいづち」を打つなど、相手が話しやすいように反応を示して聴きます。

常に聴いていることを相手に伝えながら聴くと、相手は話しやすいです。気持ちが乗ります。多くの話を引き出すことができるはずです。

「聴き上手は話させ上手」。それは、聴き手にとって大きな利益です。

タイミングよく、上手にあいづちが打てると対話がスムーズに進みます。インタビュー、対談の上手なジャーナリストや芸能人を見ていると、あいづちのうまさが際立っています。

あいづちには、主に次のようなものがあります。ぜひ生かしてください【図表12】。

[図表12] あいづちの効果を上げることば

同　意	はい　ほ～ なるほど　そうですね わかります　おっしゃる通りです
先を促す	それで　それから どうなりました それはおもしろいですね
疑問を投げかける	まさか　本当ですか 信じられない どういうことですか？
反対して相手を立てる	とんでもない そんなことはないでしょう ご冗談でしょう
驚きを表す	えっ　本当ですか そんな　すごいですね さすがですね　ひどいですね びっくりしました

いかがですか？　効果的に聴くための聴解の三原則。「感じよく、正確に、反応を示して」聴く意識を持ち続けましょう。

3 話は全身で聴け!!

「話は全身で聴け」変な表現ですね。

本来、話はどこで聴きますか？「耳」!?　そうですね。耳で聴きますね。

耳で何を聴きますか？「ことば」!?　ことばだけ聴けばよいですか？

語調や間《ま》に話し手の本音が隠されていることが多いですよ。同じことばでも語尾が上がるか、下がるかで話し手の気持ちがわかります。

「さすがですね↓」。語尾が下るときは本心です。

一方、「さすがですね↑」と語尾が上がるときは、多くの場合、茶化している、からかっているのではありませんか。

さて、もうおわかりですね。効果的に話を聴くには、耳からの情報だけでは足りません。

ですから、「話は全身で聴け!!」です。

耳で聴き、目で聴き、口で聴き、手で聴き、足・態度・表情で聴く。そして、**頭で聴き、心で聴きます**。わかりますか？

❶目で聴く

相手の視線、表情、しぐさから真意をつかみます。「目は口ほどに物を言う」と言いますね。また、相手が話しやすいように、相手の顔を見て、にこやかにやさしい視線を投げかけます。

❷口で聴く

わからない点は質問します。また、相手が話しやすいように、「そうですか」「なるほど」などとあいづちを打ちます。また、「それで……」「きっかけは何ですか？」など話を促したり、引き出したりする場合にも、あいづちや質問は有効です。

❸ 手で聴く

要点をメモしながら聴きます。

要点は5W3H（WHY＝なぜ、WHAT＝何を、WHO＝誰が、WHEN＝いつ、WHERE＝どこで、HOW＝どのように、HOW MANY＝どのくらい、HOW MUCH＝いくらで）に加え、重要なキーワードなどです。

しかし、あくまで相手の真意をつかむことが目的です。メモをとることが目的にならないようにしましょう。

また、話を聴くときにペンをくるくる回したり、余計な手の動きは避けるようにします。

❹ 足・態度・表情で聴く

「足で聴く」ということは、話しやすい、聴きやすい距離を確保するということです。あまりにも近すぎると話しにくいです。とはいえ、遠すぎると聴き取りにくくなります。

適切な距離は人間関係によっても変わります。

相手から十分に話を引き出すためにも、話しやすい態度、表情も大切です。

十分に話してもらい、効果的に聴くことができる距離、態度、表情を心がけましょう。

❺頭で聴く

話し手の真意は何か？　何が言いたいのか？　どうしたいのか？　どうすればいいのか？　前提となる条件はなにか？　など頭で考えながら聴きます。

❻心で聴く

相手の立場、状況を理解し、相手の気持を慮《おもんぱか》りながら聴くことも大切です。人間は感情の動物です。論理だけでなく、相手の心情に寄り添うよう努力しましょう。

自分の気持ちや考え、あるいはある事柄をことばで十分に伝えられますか？　ことばは有限です。自分の気持ちや考えに一致することばは見つかりにくいですよ。ですから、聴き手の立場のときに、ことばにとらわれすぎないようにしましょう。

相手の真意、本音を推し量るためにも、「話は全身で聴く」ように心がけてください。

4 聴けない原因は何か？

「聴けない」を意味することばは多いですね。

辞書を引いてみました。「聞き飽きる」「聞き誤る」「聞き落とす」「聞きかじる」「聞き苦しい」「聞き過ごす」「聞き捨てる」「聞きそこなう」「聞き違える」「聞きづらい」「聞きどおしい」「聞き流す」「聞きにくい」「聞き逃す」「聞き外す」「聞きひがむ」「聞きまがう」「聞き漏らす」「聞き忘れる」。こんなにありました。

職場でも日常生活でも、聴けずに問題になることが少なくありません。

いつでしたか、ある企業で新規事業を担当する幹部が話してくれました。

役員会で、「儲からない仕事はやめるべきだ」と言われたそうです。

新規事業を利益が上がるものにしようと努力しているところでした。すかさず反論しました。

「最初から利益が上がるわけがない。携帯電話の事業が最初から儲かっていたか？　ネットショッピングの事業が最初から儲かったか？」

そうしましたら、「そんなこと知らないよ！」と言われたそうです。

「主張はしても、都合が悪くなると耳を閉ざしてしまう。たいへん失礼な話だ！」とその幹部は怒っていました。

お互いに聴き合えないと、仕事に悪影響を及ぼしますし、人間関係もぎくしゃくします。自身だけでなく、周囲も含め、聴く力を何とか高めていくことが大切です。

そもそもなぜ聴けないのか？　原因がわかれば対策を講じられます。まずは、聴けない原因について考えてみましょう。

聴けない原因は、次の４つに分類できます。

人間的な原因、心理的な原因、内容的な原因、外在的な原因です。

❶人間的な原因

聴くことの大切さをわかっていない人は必然的に人の話を聴かないものです。

自信過剰な人、仕事ができると思っている人は他人の話を聴かない傾向にありますね。

このようにお話ししますと、皆さんは上司の顔を思い浮かべていませんか？

話力総合研究所の聴き方をテーマにした講座を受講後に、「上司に受けさせたい」とおっしゃる方、結構いらっしゃいます。

これまでお話ししてきましたように、努力しなければ聴けないです。意識しなければ聴けないです。

このことを知らない人、忘れている人は、効果的に聴くことができません。話される事柄がわかっていることだと思ってしまうと、「そんなことわかっている」と途中で口をはさんでしまいかねません。

最後まで聴かなければ、わかっていることかどうか？　怪しいですよ。

Aさんの職場で、お客さんから部長に電話がありました。

ちょうど、部長は席を外していたので、用件を聴き、メモを机の上に置きました。しばらくして、同じお客さんから再び電話がありました。

先ほどの用件の訂正でした。

ちょうどそのとき、部長が戻ってきました。部長は自席のメモを見ています。Aさんは部長の前に出て、「先ほどお客さんから電話がありました」

部長は、「あ〜、わかった。わかった」

Aさん「……」。間違いなく、後で問題になりますね。

他人の話を聴くときには、相手に対する思いやりの気持ちが大切です。

話を聴くときは最後まで聴くことがマナーです。思いやりがなかったり、マナーをわきまえていない場合には聴けないですね。都合の悪い話は拒否したくなります。

同じ内容でも、話している人が誰かにより、話が聴けなくなります。

知らない人の話を素直に聴けますか？

例えば、ある会合で私の隣の席の人がスピーチをしました。

戻ってきたところで、私が話し方の講師であることを伏せて、

「あなたの話し方は、～と、～を改善したほうがよい」と伝えたとしたらどうですか？

多くの人は「何を失礼な！」と思うでしょう。好意を持っている人から話されれば聴くけれども、嫌いな人、知らない人が同じ話をしてきたら反発したくなるのではないですか。

❷ 心理的な原因

話し手との差を感じると素直に聴けなくなることがあります。

「あなたは能力が高いからできるでしょうけれど……」「なんだ、年下のくせに偉そうに」

「男性は好き勝手ができるけど……」などです。

話し手と聴き手の能力、年齢、性別、期待していること、話したい（あるいは聴きたい）内容、興味、関心などに差がある場合に聴けなくなる傾向にあります。

以前に、「集中しなければ聴けない」ということをお話ししました。しかし、集中できる時間は限られます。

一般的には15分程度だと言われています。聴くことは重労働ですから、長時間聴いているのは辛いです。疲れてきます。眠くなってきます。

また、話す速度より、聴く速度の方が早いですから、聴いている間に他のことを考える余裕ができます。

意識がそちらに向き、気づいたときには聴いていなかったということもあります。

そして、都合が悪くなると聴けません。たばこのマナーや携帯電話のマナーの話をされるとどうですか？　自分がそのマナーを守っていないと、話を聴くより、言い訳したり、反発したくなるのではないですか？

あるグループで、2カ月に1回程度、懇親会を行っています。

いつもは割り勘で支払います。私はお酒が飲めません。飲める人とこうした会合を持ちますと、だいたい割高です。私はこれを「社会勉強代」と納得しているのですが。

あるときの懇親会で、仲間の女性が発言しました。

「割り勘では不公平です。飲んでいる人は2000円増しにしましょう」

普段は静かに人の話を聴きながら、おいしいお酒を飲んでいる男性が、黙っていません。

「飲まない人は食べている。飲む人間は食べないから割り勘でいい」

しばらく、この議論は続きました。都合が悪くなると、普段黙っている人でも、主張したくなるものです。

❸内容的な原因

話される内容がくだらないものであったり、わかりきっている場合。逆に、難しすぎてわからない場合は話を聴けないですね。

もちろん、聴き手にとって興味がなかったり、必要だと思えなかった場合もそうです。

また、話されたことばを知らないと理解できません。

例えば、「気が置けない人」とは、どんな人ですか？

文化庁が2012年に行った調査では、40％以上の人が、「気配りや遠慮をしなくてはならない人」と答えたようです。

これは誤りです。本来の意味は、「気配りや遠慮の必要ない人」です。「情けは人の為ならず」を「情けは人のためにならない」という意味だと誤解している人も少なからずいるようです。

「人に情けをかけると、結局自分に返ってきて自分のためになる」という意味ですね。

「一姫二太郎」はどうですか？　本来の意味は、「子どもは一人目に女の子のほうが育てやすい」ということですね。正しく理解していましたか？

「宵の頃」は何時ごろですか？　相当数の皆さんが「夜更け」や「明け方近く」と言います。実際は「日が暮れて間もないころ」です。

夕方出ている金星のことを「宵の明星」といいますね。誤解している人が多いので、天気予報で「宵の頃」ということばを使わなくなりました。

「雨模様」はどうですか？

本来の意味は「今にも雨が降り出しそうな状態」のことなのですが、「雨が降っている状態」だと理解している人もいて、最近の辞書には両方書かれているものもあるくらいです。

ことばの意味を知らないと、誤解することになりかねないですね。

また、予備知識を持っていないと話の内容を理解できないこともあります。日ごろから内容力をつけておかないと、なかなか効果的に聴けないのです。

❹外在的な原因

話を聴く環境が障害になって聴けないということもありますね。

騒音や不快な温度、湿度。あるいは適切でない照明。人の出入りが気になる会場。有名人が近くにいたり、気になるものが近くに置いてあったりすると、気が散りますね。

聴くことに集中できる場づくりが必要です。

聴けない原因。いかがでしたか？　皆さんは主にどのあたりが問題でしょうか？

自身の聴けない傾向を知り、効果的に聴くための対策につなげてください。

5 傾聴の心を持つ

話を聴けない原因を踏まえ、効果的に聴くためにはどうしたらよいか？
次の対策を参考に、目的や相手、話の内容などに応じて対応なさってください。

❶目的を意識

何のために話を聴くのか。常に忘れないことです。そうすれば、たとえ話し手が不快なことを言ったとしても、適切でない態度だったとしても、冷静に対応できるはずです。

❷メリットを自覚

話を聴くことは、結局、自分の利益になることだという意識を持つことです。
そして、せっかくの機会ですから、話し手から十分に話を引き出すようにしましょう。
興味を持って、尋ねながら聴く姿勢が大切です。

❸「聴く」準備をする

まずは場づくり、雰囲気作りです。話しやすく、聴きやすい環境を作ることです。どのような話を聴くことになるのか、事前に知り、前もって予備知識を得られるとよいですね。理解が早まります。

❹メモを取りながら聴く

要点をメモしながら聴く習慣をつけましょう。要点は5W3Hですね。本章の3「話は全身で聴け!!」をもう一度振り返ってください。

❺考えながら聴く

メモを取りながら聴くのですが、メモに集中しすぎないようにしましょう。本来の目的は「正しく聴き取る」ことです。話の目的は何なのか。本音、真意は何か？　何が言いたいのか？　どうしたいのか？　どうすればよいのか？　前提条件は何か？　などですね。

「ショウガクセイになって上京し、それから酒とたばこを覚えました」などと話されますと、びっくりしませんか？　考えながら聴かないと誤解しかねないです。

「小学生」ではないですね。「奨学生」です。

「20歳を過ぎて、新聞社の奨学生として上京し、働きながら大学に通った」と話したかったのです。

レストランで料理を平らげ、テーブルの上に空いたお皿がいっぱいになりました。

店員に「お皿持っていって」と頼んだら「何枚ですか？」と尋ねられました。

「お皿持ってきて」と聞こえたようです。その場の状況を見て考えれば、こういう誤解はしないはずです。

「出口は右側です」前提条件がありますね。おそらく、「進行方向に向かって」などが省略されています。

ある大学の先生から聴きました。

テストの採点を終え、学生に返したところ、A君が「採点基準は？」と言ってきた。

何度も採点基準を説明したが、いっこうに引き下がらない。

ハタと気づき、「すでに成績はつけたから結果は変わらない」と言ったら、がっかりした表情で帰って行った。ことばでは「採点基準」ですが、本音は「成績上げてくれ」だったのかもしれません。

❻質問、確認、復唱、念押し

ことば通りに受け取って、安易にわかった気にならないほうがよいですね。わからなければ質問する。正しく理解できているかどうか確認する。そのために自分のことばで復唱してみる。確かにその通りかどうか念押しする。こうした意識が大切です。

ある企業の幹部Xさんの話です。取引先のA社の営業に問い合わせをしました。

「御社はB社と取引関係がありますか？」

その営業は、どのような取引があるか丁寧に、しかも詳しく答えてくれたそうです。しかし、肝心なことを訊ねてきませんでした。

「なぜそういう問い合わせをするのか？」と尋ねてくれれば、A社にとって有益な情報を伝えるのだけれども……と、Xさんはおっしゃっていました。A社の営業は得られたはずの情報を逃がしてしまったのです。

相手の話を深く、正しく聴くための手段は、質問、確認、復唱、念押しです。心がけてください。

❼常識をわきまえる、慣習を踏まえる、マナーを守る

「これからお客さんがいらっしゃるので、お茶を用意してください」
「お茶は温かいものですか？　冷たいものですか？」「日本茶ですか？　コーヒーですか？」「人数は？」「いつお出ししますか？」「お茶の濃さはどのくらいですか？」「お茶菓子はどうしましょうか？」等々。

実際にはこんなに極端なことにはならないでしょうが、なんでもかんでも質問されても困りますね。話す側も忙しいです。

場合によっては、「そんなこと自分で考えろ！」などと余計なことを言われかねません。
常識の範囲内で、あるいは職場の慣習を踏まえて。マナーを守って。相手に応じて。話を聴くときも、効果を上げるためには対応力がものをいいます。

聴く力が仕事の成果を左右します。効果的に聴くための対策を実践していきましょう。

chapter

6

ビジネス
コミュニケーションの
要《かなめ》は説明力!

「指示」「依頼」「説得」
「報告」「称賛」「忠告」は6大要素

自身のコミュニケーション能力を向上させたいと考えている人は少なくないようです。ビジネスの世界では、特に問題意識を持っている人、大いに活躍している人の中に多いように感じます。

一言で職場の「コミュニケーション」といっても、課題は人それぞれです。効果的な指示・依頼のしかたを身につけたい。説得力、交渉力を高めたい。部下がやる気をなくさないようにうまく叱りたい、注意したい。部下をほめてもよいのだろうか。図に乗らないだろうか。失敗など、よろしくないことを適切に報告する方法はないだろうか？等々。

私どもの話力講座を受講くださる方は、それぞれこうしたテーマ、課題を持っていらっしゃいます。

「ビジネスコミュニケーション」の主な要素は、指示、依頼、説得、報告、称賛、忠告です。そして、これらのすべてに必要な共通の要素が「説明」です。

したがって、説明はビジネスコミュニケーションの「要《かなめ》」の要素です。説明力を高めることが、職場のコミュニケーションをよりよくすることにつながります。

1 話す内容を120％理解し徹底的に準備する

効果的に説明するためには、まずは準備が大切です。準備のポイントは2つあります。自分が説明する事柄を十分理解する。そして、説明する相手の理解度を把握することです。

❶自分が十分理解する

自分が十分わかっていないのに、相手にわからせることはできません。自分ができるだけ理解することが大切です。効果を上げたいなら、十二分に理解すること。十分では足りないくらいに考えてください。

「氷山の一角」ということわざがあります。明らかになったことは、物事全体のわずかな部分だというたとえです。実際に氷山は、見えている部分の10倍程度の氷が海面に沈んでいるそうです。

説明をするときも実際に話すことの10倍くらいの準備が必要だと私は考えています。こ

［図表13］ 氷山の原理

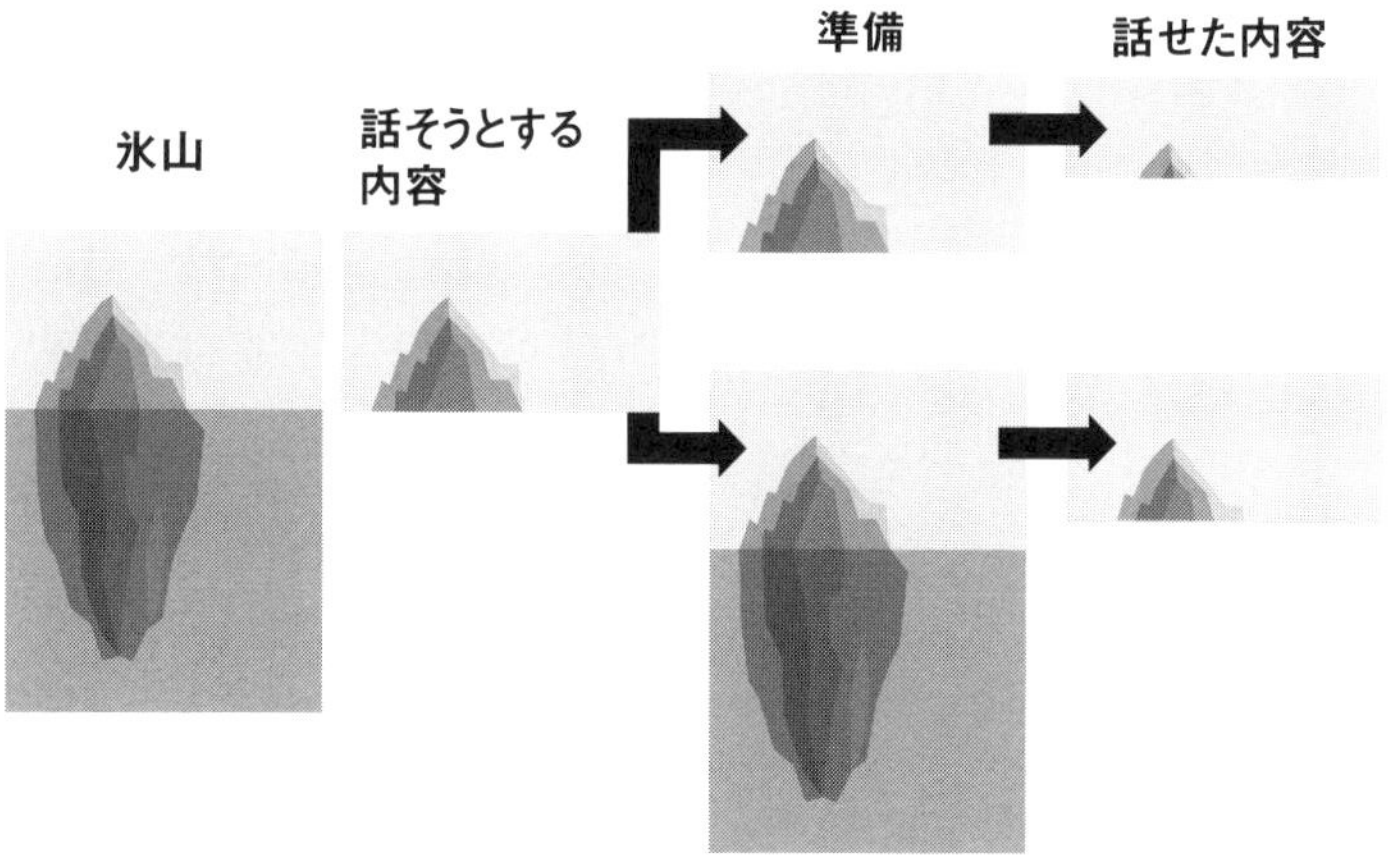

れを「氷山の原理」と勝手に呼んでいます。

話そうと予定していることをすべて話せますか？ スピーチやプレゼンで一生懸命準備して臨んでも、予定したことが十分に話せず、首をかしげたことはありませんか。

あるいは、話した内容に関連した他のことを質問されたら、ハタと困ってしまいますね。内容的なゆとりを持つ必要があるのです。これだけ話そうと思ったら、その内容の10倍以上、広く深く関連する事柄を調べておく必要があります【図表13】。

ところで、十分に準備しましょうとお話ししますと、全文原稿を書いて一字一句暗記しようとする方がいます。これはあまりよい方法とは言えません。

暗記すると、話していても原稿を読んでいるような印象を聴き手に与え、十分に伝わらないことがあります。また、おおぜいの前で緊張して話すと、途中でぱっと暗記した内容が消えてしまうことがあります。忘れてはたいへんだという思いが余計に緊張を生むことになります。

暗記ではなく、内容を理解し、消化するように準備してください。

一つの方法として、物事を関連づけて理解できるよう説明する内容を構成しておくとよいですね。

例えば、地元の「祭」について説明するとします。祭の由来、催しの内容、祭の参加者、見物客、地元の意気込みなどですね。新製品の説明であれば、製品の特長、従来製品との違い、開発に苦労した点、新製品への期待などと関連づけて話したらいかがでしょうか。

❷相手の理解度を知る

どんなに自分が理解していても相手にわからせるのは難しいですね。学校の先生が学生や生徒たちに十分わからせることができているかを考えればよくわかります。少なくとも相手の理解度を知って、それに対応していくことが大切です。

まずは、説明しようとする事柄を相手がどこまで知っているかを把握することです。知っていることをくどくど話す必要はありませんね。そんなことをしてしまうと聴き手は飽きてしまい、聴かなくなります。それとともに、聴き手の理解力や意見、立場を把握することです。専門家なのか、一般の社会人なのか、子どもなのか。

説明しようとする事柄に対して好意的な考えを持っているか否か。

また経営層か、行政職か、ビジネスパーソンかなどです。事前に確認ができればいいですね。できない場合は、その場で説明するときに質問をして把握するとよいでしょう。どうしても十分につかめない場合は、原則として義務教育修了（中学生が理解できる）レベルで話すとよいでしょう。

それから、どこまでわかったか確認しながら話すことです。一方的に話しても効果は上がりません。話の段落ごとに、話についてきているか、聴き手の反応を確認します。

話のポイントでは、質問を投げかけるなどして、わかっているかどうか確認するようにします。

自分が十分に理解した内容を相手の理解度に応じて、効果的に話す。そのために徹底的

に準備する。努力は必ず実ります。説明力をつける努力を続けましょう。

2 効果的な説明のしかたをマスターする

どんなにしっかり準備をしても具体的な説明のしかたが適切でなければ効果は上がりません。特に次の点を意識して説明してください。

❶予告する

まずは何について話すのか、あらかじめ相手に知らせることが大切です。相手に聴く準備をしてもらうためです。

また、なぜ話すのか、説明する目的を伝えます。そして、どのくらいの時間が必要か。どのような内容かを知らせるとよいでしょう。

話の効果は誰が話すかによって変わるのですから、なぜ自分が話すのか、相手に納得させることも必要ですね。

❷ 順序を正す

思いつくままに話しては、聴き手を混乱させるだけです。「いったい何が言いたいのだ」「支離滅裂でわからない」といった印象を与えかねません。

順序立てて話すことが大切です。

繰り返しになりますが「聴き手の心の法則に従って話せ」でしたね。

順序立ててまとめる方法を次に示しますので、参考になさってください。

・**時間の順序**

過去、現在、未来のように時間の流れに従って話をします。

「若いころは～でした。今は～です。将来は～をめざしています」

「以前の製品は～。現在主流は～。これからは～のような製品を開発していきます」などとします。

・**空間の順序**

観光案内や展示場の案内の際に、あっちに行ったりこっちに来たりでは困りますね。

「まずは左手をご覧ください」と言って、左手の方にかかわる話を完結させ、「次に、右手をご覧ください」とします。

天気予報も順序があります。通常は、西から東、南から北へ、順にその地域の天気を伝えています。

・因果関係の順序

原因を話してから結果を話す。あるいは、結果を話して、その原因を明らかにする。

どちらでも構いませんが、原因を話しているときは原因のみ。

結果を話しているときは結果のみ。しっかり整理しましょう。

その他、**重要なことから話す重要度の順序、あるいは優先度の順序。簡単なことから話して、難しいことへ。あるいはその逆に、難しいことから話して簡単な話へ、難易度の順序**などもあります。

いかがでしたか？　話す順序を決めて話を整理しましょう。

［図表14］ことばで伝えることが困難な図形

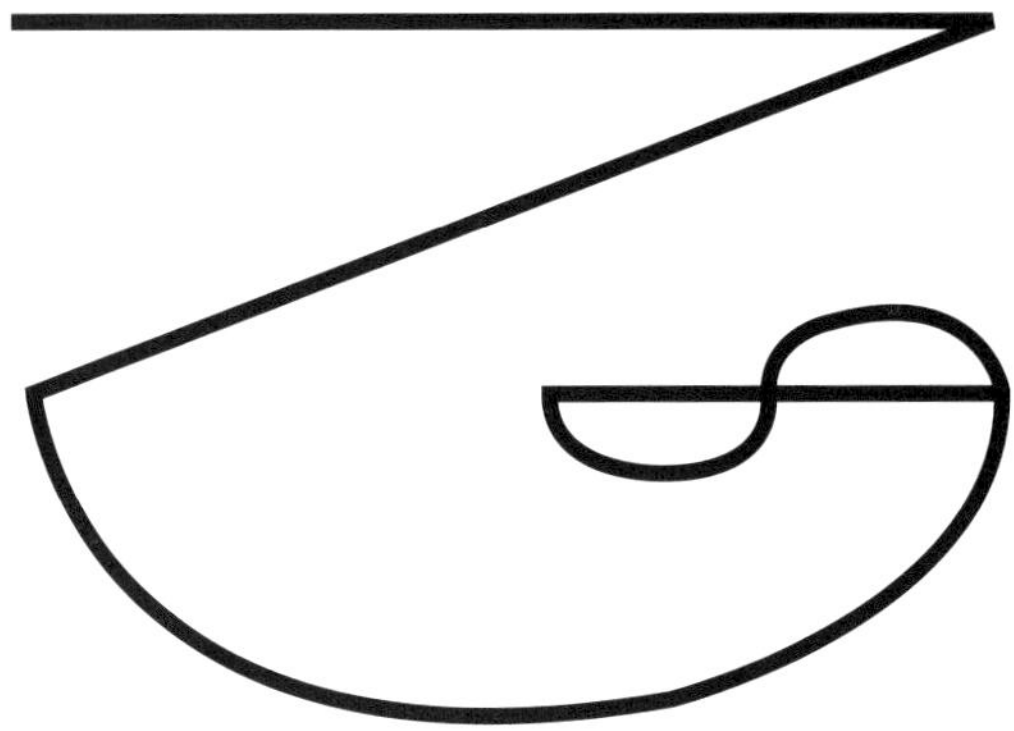

❸わからせるための具体的な工夫をする

ことばだけで相手にわからせようとするのはたいへん困難です。伝わらないものです。

例えば、次のような図形【図表14】をことばだけで相手に描かせることができますか？

無理ですね。聴き手に伝えること、わかってもらうことが目的ですから、図形を見せればよいのです。

ライオンを知らない人に、ことばだけでライオンについて説明しても、おそらくわからないでしょう。

写真を見せる、動画を見せる。あるいは動物園に連れていけばわかりますね。

このように、説明の効果を上げるために必要な工夫をすることです。

わかってもらうためにはどうすればよいかを考えて実行しましょう。

実物や模型を使う。図表を使う。写真を使う。動画を見せる。具体的な例を語る、等々。ことばだけに頼る必要はありません。効果が上がるように工夫しましょう。

❹十分に伝わっていないようであれば、視点を変えてみる

説明する事柄にはいろいろな側面があります。

例えば、祭でしたら、歴史、催し、見物客、期間などです。

テレビならば、画質、どのような番組が見られるか、他の機器を接続できるか等でしょうか。

「視点を変える」とは、ある側面から説明してもわからなければ、他の側面から説明してみるということです。わからないのに、何度も同じことを話していても効果的ではありません。聴き手に柔軟に対応しましょう。

俳優の八名信夫さんが出演した青汁のテレビCMを覚えていますか？　八名さんが青汁を持ってグイッと飲み干す。ものすごい形相で「まずい！」という。そして少し間をおいて、「もう一杯！」。

このCMは当時かなり話題になり、青汁の知名度、売り上げに貢献したそうです。この説明はいわゆる「視点を変える」よい例になっています。

「味」という側面から語れば、正直「まずい」。しかし、健康という側面から考えれば、「もう一杯」飲んでもよいほどの商品だということを伝えています。

視点を変えて話す。生かしてください。

❺確認しながら話す「質問する・質問させる」

話し手が一方的に話しては、聴き手が理解したかどうかをつかめません。ポイントポイントで理解しているか、話についてきてくれているか確認しながら話すことが大切です。

聴き手が理解したかどうかは、反応や表情から推測することもできます。首を振っていたり、ポカンとしていたり、難しい表情をしているようであれば、補足説明が必要かもしれません。

ところどころ質問しながら説明してもかまわないのです。いえ、そのほうが効果的だということを忘れないでください。

ただし、質問する場合、次のことに注意しましょう。

・相手の自尊心を守る
ぶっきらぼうな質問や、上から目線の質問にならないよう注意してください。感じよく質問することを心がけましょう。相手の自尊心を傷つけない配慮が必要です。

・一時に一事の原則を守る
同じ人にいくつも質問しないようにします。原則、一人に一回（一時に一事）が適当です。

・答えやすい質問を工夫する
「～さんはいかがでしょうか？」「？？？」

何を答えてよいのかわからないような質問は避けましょう。

「PCをお持ちですか？」「普段何にお使いですか？」など具体的に答えられる質問を工夫します。

・答えられないときの配慮を忘れない

質問しても「わかりません」や「……」無言の場合、相手への配慮を忘れないようにします。

「突然質問しまして失礼しました」「あらためて質問されると難しいですよね」などとフォローして、答えを示すとよいですね。

また、聴き手に質問させる時間を取りましょう。そうすれば、わからない点を補足説明することができますので、効果的です。

この場合、質問しやすい雰囲気を作ることが大切です。

質問が出るということは、説明の効果を上げることができるチャンスです。自分にとって有益なのです。

ですから、「たいへんわかりやすく説明したつもりです。これでわからないということはないと思いますが、何か質問ありますか？」などと言っては、相手は質問したくてもできません。

「一生懸命説明しましたが、行き届かない点があったかと思います。疑問点やご意見などおありでしたら、ぜひおっしゃってください」などと質問を促すとよいでしょう。

そして質問者には「良い質問をありがとうございます」などとお礼の気持ちをきちんと伝えることを心がけてください。

質問に答える場合は、質問の意図を外さずに、まずは質問されたことから答えていくようにします。よくわからない質問の場合は、感じよく逆質問しながら、相手が理解でき、納得できるよう、わかりやすく話す努力をしてください。

❻まとめをする

しっかりとまとめができれば好印象です。まとめでは、次の項目からその場に対応して選択するとよいでしょう。

- 要約する
- 感謝のことばで終える
- 印象に残るキーワードを伝える
- 余韻を残す
- 期待、願望を述べる
- 協力を求める

・タイトル　「〜について説明しました」で終える

❼わかりやすいことばを使う／誤解されやすい点に気を配る

とにかく、わかってもらわなければ、独り言と変わりません。わかりやすいことばで話すことです。

自分がわかっていても、聴き手がわかるかどうかわかりません。専門用語やカタカナ語は要注意です。使用する場合はその意味を補足説明するなど気を配るようにしましょう。誤解されやすい点にも気をつけます。同音異義語、類音語などを意識しましょう。もう一度、chapter4の3「わかりやすく」話すとは？　を振り返ってください。

3　説明の受け方をマスターする

どんなに上手に説明しようとも、受ける側に多くの問題があれば効果は期待できません。話は、話す側と聴く側との共同作業です。聴く側、すなわち、説明を受ける側もそれ相応の努力をしなければなりません。

説明を受ける際は、次のことに気を配るとよいでしょう。

❶何をわからせようとしているのかを「正確に」つかむ

まずは傾聴です。chapter5を振り返ってください。

ポイントは、個々の「ことば」にとらわれすぎないことです。表面的なことばの意味ではなく、相手がどういう意味でその「ことば」を使ったのかを考えるようにしましょう。

また、特定の部分にとらわれすぎないように。全体を把握したうえで、何を説明しているのか正確につかむ努力をなさってください。

❷段落ごとの要点をつかむ

段落ごとに自分のことばで要約してみましょう。

5W3H（WHY=なぜ、WHAT=何を、WHO=誰が、WHEN=いつ、WHERE=どこで、HOW=どのように、HOW MANY=どのくらい、HOW MUCH=いく

ら で ）を押さえてください。各段落の要点を忘れないようにメモしておくことも大切です。

❸部分と部分、部分と全体との関係を考えながら聴く

段落間の関係や、今まさに聴いている段落と全体との関係を考えながら聴くようにしましょう。

例えば、最初の段落では肯定的な立場を紹介していたが、この段落では前の段落とは反対に否定的な意見を紹介している、というように。

また、「野球のルールについての説明だな。今は守備について話しているな。ここから攻撃の話だな」。

このように、いっぺんに説明できませんから、順を追って説明されるでしょう。話されたことと、今話していることとの関係。全体に対して今話していることとの関係。これらをつかみながら聴くと効果的に理解できますね。

❹主要なことばや例を聴き逃さないように聴く

主要なことばや、具体例は理解するための大切な要素です。聴き洩らすことがないよう、

忘れないように、メモを取りましょう。

❺わからないことは質問する

わからないことをそのままにしておいてはいけません。

話し手はわかったものと思いますから、後になって問題が生じることもあります。

わからなかった箇所を話し手に情報提供するという意味もあります。遠慮せずに、質問をするようにしてください。

ただし、相手への配慮を忘れてはいけません。感じよく、わかりやすく、手短に質問する努力をなさってください。質問する前に、メモを取って質問する内容をまとめておくと効果的です。

また、途中で質問されては説明者も混乱するかもしれません。原則として、最後にまとめて質問します。

しかし、内容によっては、すぐに回答を得ないと、理解が進まないこともあります。この場合でも、話している途中ですぐに割り込むのではなく、質問できる適切なタイミングを考えましょう。

chapter

7

効果的に知らせる報告のしかたを磨け

正確に、簡潔に、
タイミングよく「知らせる」

「報告」は、相手が知りたがっていること、自分が知らせたいことを正確に、簡潔に、タイミングよく「知らせる」ことが目的です。

時々「風通しがよくない職場」「風通しが悪い会社」などという話を耳にします。世間に知られるような大きな問題を起こした会社に対して言われることが多いようです。

少し前の話です。ある問題を起こした企業に対して、マスコミは「良い会社なのだが、以前から風通しがよくなかった。現場の問題が経営トップまで伝わらない。風通しをよくしなければ」と指摘していました。

問題発生直後に私はその企業の株主総会に出席しました。

担当役員からの報告で、彼はその事柄が発生した年を1年言い間違えました。社長をはじめ、周囲の役員は気づいたはずですが、最後まで指摘しませんでした。

「なるほど、風通しが悪いと言われるはずだ」と感じました。

本章では、報告の重要性をあらためて確認し、効果的な報告のしかた、受け方についてお話しします。

1 報告の重要性を認識し、仕事をスムーズに

「人生は報告の連続」です。自分だけで知ることができる事柄は限られます。多くの人の協力で、より多くの事柄を間接的に知り、知識の蓄積や判断、行動に役立てています。

職場では、個々の活動に関わる事柄を「情報共有」しながら、職場全体として意思決定し、活動しています。

報告・連絡・相談・打ち合わせの重要性を認識し、おろそかにしないよう「報連相（打）を忘れるな」「報連相（打）が大切だ」などと言われています。

報告は、受ける側の利益につながります。職場の利益につながります。それは企業の利益であり、内容によっては社会の利益にもなり得ます。

ですから、報告しない、誤った報告、下手な報告は問題です。人間関係、信頼関係に影響します。職場がぎくしゃくしてきます。

「なんでそんな重要なことを今まで黙っていたんだ！」と言われないように、心配りしな

ければなりません。

営業担当が上司に報告します。

「A社に行ってきました。うちの製品を評価してくれました」

上司はてっきり契約が取れるものと期待したのですが、ライバル会社に契約を取られてしまいました。

上司から「君は評価されたと言っていただろう。話が違うじゃないか」と言われないように、適切な報告を心がけなければなりません。

正確に、簡潔に、タイミングよく報告することを心がければ、人間関係、信頼関係、評価が高まります。周囲との関係も良好になり、仕事がしやすくなります。

仕事だけではなく家庭でも実践すれば、家庭円満につながります。

報告の重要性を意識して、実践していきましょう。

2 報告は思った以上に難しい!?

皆さんは、話せば伝わると思っていませんか？　簡単なことでも伝わらないことがあります。

「昨日来社されたAさんは、衣料関係の仕事をされているそうです」

「そうか、医療関係の仕事か？」

「X市役所に行ってきました。職員のBさんからX市のよさについて聴いてきました」

「X市の予算ね？」

不用意に話していると、ちょっとしたことでも、このようなことになるかもしれません。複雑な内容ならなおさらです。話は伝わらないものです。

自分が伝えたい内容を正しく相手に伝えるということが、どれほど困難なことか考えてみましょう。

次ページの【図表15】を見てください。

［図表15］ 報告のプロセス

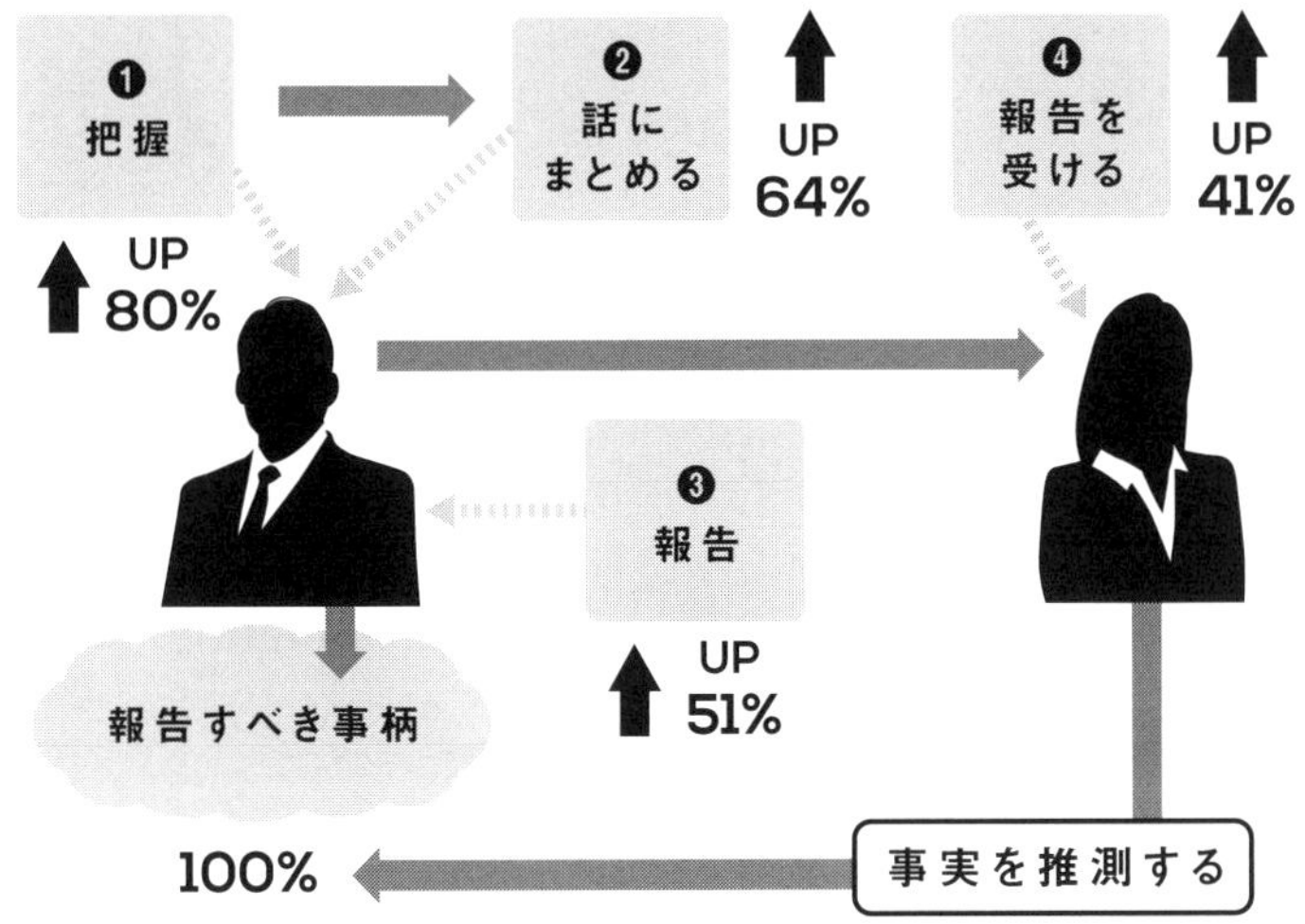

この図は報告をするときの主な手順（プロセス）を示しています。これから報告しようとする事柄全体を仮に100％という数字で表しています。

報告するときは、この報告すべき事柄を把握しようとしますね。普通、報告すべき事柄をすべて完璧に把握できますか？　まあ、単純な事柄ならできるかもしれません。

しかし、内容が複雑になればなるほど困難です。ここで仮に8割ほど把握したとします。100％の「報告すべき事柄」の8割ですから、80％を把握しました。上図の①のところです。

これを相手に話すのですが、そのま

ますぐに話せますか？　多くの場合、どのように伝えるか考えます。把握した内容を頭の中で話にまとめます。

仮に8割まとめられたとします。把握した内容80％の8割ですから、報告すべき事柄全体の64％になります。前ページの図②です。

次に、頭の中でまとめた内容をことばに出します。ここでようやく相手に話をするのです。これが報告することです。

さて、頭の中でまとめた内容をすべて正確に話せますか？　ここでも仮に8割話せたとします。

結局、報告すべき事柄全体の51％を相手は音声として受けるのです。

しかし、相手は話された内容をすべて聴けますか？　ここでも仮に8割聴けたとします。

報告すべき事柄全体の41％しか伝わらないという結果になりました。

もちろん、これは仮の話です。しかし、報告の受け手は、報告すべき事柄全体の41％から全体像を推測するというたいへん困難な作業を強いられるかもしれません。

報告の効果を上げるためには、報告する側と受ける側が、前ページの図①から④それぞれの段階で、それぞれの比率を上げる努力をすることが大切なのです。

3 なぜ効果的に報告するための準備が必要か？

効果的に報告するためには準備が大切です。

報告すべき事柄について、できるだけ十分に把握することが重要です。

ただし、やみくもに把握しても非効率です。5W3H（WHY＝なぜ、WHAT＝何を、WHO＝誰が、WHEN＝いつ、WHERE＝どこで、HOW＝どのように、HOW MANY＝どのくらい、HOW MUCH＝いくらで）を把握してください。そして、報告点をしっかり押さえることです。

報告点とは、相手が知りたがっていること、自分が知らせたいことです。報告点のない、あるいは報告点がぼやけた報告は、受け手（聴き手）を戸惑わせたり、イラつかせることになりかねないです。

皆さんは経験ありませんか？　混雑している通勤電車が突然停車します。車掌のアナウンスが流れます。

「ただいまこの電車は停車しています。前を走る電車が次の駅で停車しているため、この電車は発車することができません。前の電車が発車次第、この電車も発車いたします。お忙しいところ、まことに申し訳ありません。もうしばらくお待ちください」

このアナウンスを聴くとイライラしませんか？

「何やってんだ！　まったく。こんなところで止めやがって」などと周囲の乗客の声がブツブツ聞こえてきませんか。

このアナウンスを聴いて、なぜイライラするのですか？

皆さんは、このようなときに何を知りたいですか？

そうですね。前を走る電車はなぜ止まっているのか？　何があったのか？　いつ走り出すのか？　皆さんが知りたいことですね。これが報告点です。

先ほどのアナウンスにはこの報告点が一切入っていないので、イライラするのです。

まずは報告点、つまり相手が知りたがっていること、自分が知らせたいことを外さない。

そして、この報告点を適切なことばにする。

相手に正しく伝わるように気を配ります。その際、事実を正確に伝えるよう意識しましょう。ポイントは、**「推論」、「断定」、「含ませ」**に気をつけることです。

「推論」、推し量ること。予想することです。

A君が遅刻した。「また、寝坊か?」これは推論です。確認しなければわかりません。

たとえ、これまで寝坊して遅刻していたとしても、今回もそうであるかどうかはわかりません。

「断定」とは、物事にはっきりとした判断を下すことです。これは、事実ではなく、自分の判断です。場合によっては、「決めつけている」印象があります。

「A君は仕事が遅い」。これは事実ではなく、断定です。

事実を表現するのであれば、「A君は～の仕事に●時間かかった」とします。

「この車は安かった」。これも断定ですね。高い、安いは人によって判断が分かれます。

事実は「この車は●万円だった」ですね。

「含ませ」とは？　辞書にはないですね。「含め煮のこと」などと書かれています。

ここでいう「含ませ」は、好悪の感情など本来の意味にない意味を「含ませる」ということです。同じ事実を伝える場合でも、言い方によって印象が変わります。

「彼は背がすらっとしていて、目がぱっちりです」

「あいつはのっぽで、ギョロ目だよ！」

同じことを言っていますが、聴き手の印象は異なりますね。

以上、しっかり準備をし、効果的な報告を心がけてください。

4 具体的な報告のしかたをマスターする

しっかり準備をしたら、相応の結果を出さなければなりません。正確に、簡潔に、タイミングよく、効果的に報告するために次の点を守りましょう。

❶予告する

突然話しかけないことです。

「今よろしいでしょうか？」と、まずは相手が聴ける状態かどうかを確認します。

そして、何についての報告なのか、タイトル、概要を予告します。加えて、報告の数、必要な時間を伝え、相手に聴く準備をさせます。

「失礼します。営業報告が3点あります。A社、B社、C社です。10分ほどお時間いただきたいのですが、今よろしいでしょうか？」このようにするとよいですね。

❷報告点を先に言う

「報告点」とは、「相手が知りたがっていること」「自分が知らせたいこと」の要点です。

一般に人は一生懸命がんばったその過程を話したいものです。しかし、聴き手は結論を気にします。

「お客さんに提案したのですが、なかなか評価してもらえず、苦労しました。話を聴いたところ、お客さんは～を気にしていることがわかりました。そこで……」

結論がなかなか出てこないと、聴き手は不安になり、イライラするものです。ですから、「相手が知りたがっている」と思われることを先に伝える意識を持つことが大切です。

「お客さんは、こちらの提案を採用してくださるとのことです」

報告の場合は、「結論が先」ですね。

❸経過や理由は後で話す

報告点を話した後に、経過や結論に至った理由を話します。

「実は、最初の提案はなかなか受け入れてもらえませんでした。いろいろお話をお聴きして～」などとします。すると、報告を受ける側はその話を受け止めてよく聴くことができます。

❹自分の考えは断って話す

報告は、「事実を正しく伝える」でしたね。

しかし、事実ばかりを伝えていると、時には「君の考えはないのか？」と指摘されかねません。かといって、事実と自分の考えをわけずに話すと、誤解させたり、混乱を招くことになりかねません。実務、実践の場は難しいですね。

こういうときは、自分の考えがある場合、一通りの報告の後に、「これは私の考えですが……」と断って話すとよいでしょう。

❺必要の法則を守る

効果的に報告をするために、「必要の法則」を必ず守るようにしましょう。

必要の法則とは、「必要なときに」「必要なことを」「必要な人に」「必要なだけ」「必要な場で」「必要な方法で」話すことです。

「必要なときに」

問題が生じたとき、大事なことはすぐに。不要不急な事柄は適切なタイミングでということです。

「必要なことを」

少なくとも報告点を押さえましょう。相手が知りたがっていること。自分が知らせたいこと。5W3Hを意識してください。

「必要な人に」

まず誰に報告すべきか、よく考えましょう。報告の順番を間違えると、問題がこじれたり、人間関係がぎくしゃくしたりします。

特に上司や先輩に「俺は聴いていないぞ!」と言われないようにすることが大切です。

「必要なだけ」

肝心なことが落ちないように、場合によってはあらかじめメモをしてから報告に臨むとよいですね。一方で、誤解を招かないように、余計なことは言わないよう心がけてください。

「必要な場で」

報告する場も考えましょう。周囲に聞かれてはいけない事柄など注意が必要です。

「必要な方法で」

なんでもかんでもメールで報告。なんでもかんでも電話で報告していませんか？　緊急度、重要度、内容に応じて、直接会って報告するのか、電話でよいのか、メールでよいのか、必要な方法を考えてください。

場合によっては、会って報告したうえで、忘れられないようにメールを入れておく。電話でタイムリーに報告したうえで、念のためメールも入れておく。こうした配慮が必要です。効果を上げるための具体的な報告のしかたを、ぜひ実践なさってください。

5 報告を正しく受ける4つのポイント

これまでに話は「話し手」と「聴き手」の共同作業と言いました。報告もそうです。どんなに効果的に報告しても、聴く側、つまり報告を受ける側が適切に受け止めないとうまくいきません。

まずは報告を正しく受け取る努力が大切です。そのためには、次の点を意識しましょう。

❶先入観を持たずに最後まで傾聴

報告を最後まで聴かずに早合点してしまった。

「わかったわかった」と遮ってしまった。

途中で「そんなはずないだろ！」と口をはさんでしまった。

こうした経験はありませんか。話は最後まで聴かなければわかりません。途中で口をはさんでは、肝心なことが聴けずに終わってしまうかもしれません。

途中で話を決めつけずに最後まで聴くことが大切です。しかも「傾聴」、相手が話しやすいように、積極的に相手の話を引き出すように聴くのでしたね。

❷要点を押さえ、結論をつかむ努力

要点は5W3Hでしたね。できればメモを取りながら聴くとよいですね。

そして、「結論は何か」をつかむよう努力します。

❸質問、確認、念押し

5W3Hで足りないことがあれば、質問して補います。

誤解しないよう事実関係を確認し、念押しする慎重さが必要です。理解したことを自分のことばで伝え確認するとよいでしょう。

相手のことばだけ聴いて「わかった」では、本当にわかったかどうか怪しいですよ。

❹ねぎらいのことば

最後に、「よく報告してくれた」「ありがとう」「ご苦労さん」などとねぎらいの一声をかける配慮を忘れないでください。これが確実に次につながるのです。

報告を受ける立場であれば、日ごろから風通しの良い職場づくりを心がけましょう。
私どもの話力講座を受講されたAさんが「報告とその受け方」の講義を聴いた後に、次のような感想をお話しくださいました。

「私は某自治体の職員です。課長試験に合格し、来年の異動で課長職に就きます。今の職場の課長は、いつも腕を組んで、ものすごい形相で席に着いています。ぜったい俺のところに来るなと言わんばかりです。

報告の講義を受けて、自分のためにも、職場のためにも、報告を受けることの大切さを学びました。私はいつでも来てくださいと、ウェルカムの気持ちで臨もうと思います」

その通りですね。報告する相手への気配りを忘れないでください。そのためのポイントを3つ挙げておきます。

①日ごろの言動に注意

日ごろから親しまれる、感じの良い言動を心がけましょう。

②報告しやすい雰囲気作り

先ほどのAさんの「ウェルカムの気持ち」が大切ですね。日ごろから周囲に声をかけて話しやすい雰囲気を築きましょう。

③悪い報告のときの言動に注意

悪い報告のときほど要注意です。

うっかり感情的になってしまったり、頭ごなしに叱りつけてしまいますと、後々までマイナスの影響が残ります。そして、周囲も見ています。耳をそばだてているかもしれません。職場全体にマイナスの影響が及ぶことになるかもしれません。

悪い報告のときこそ言動には十分注意が必要です。悩ましい話であれば、周囲に聴かれない適切な場所に移動したほうが無難です。

初代の内閣安全保障室長を務めた佐々淳行（1930〜2018）さんにお目にかかったとき、直接お聴きした話です。
安全保障室長時代の上司は中曽根内閣の官房長官として辣腕を振るい、「カミソリ後藤田」の異名をとった後藤田正晴（1914〜2005）さんでした。佐々さんは「報告」について、後藤田さんから言われた次のことを話してくださいました。

「聴きたくもない事実を報告せよ」

悪い報告はすぐにするようにということですね。

「よい報告は疑え、悪い報告は信じよ」

私たちはどちらかというと「よい報告」を信じてしまいがちです。一方で、「悪い報告」は「そんなはずないじゃないか？」などと信じない傾向があるのではないでしょうか。それをたしなめたことばですね。

「悪い報告をした部下をほめよ。しなかった部下を罰せよ」

悪い報告を聴くと、カッとなって叱りつけてしまいがちです。あるいは愚痴やぼやきの一言、二言、言ってしまいませんか。
そうすると急いで対策を取らなければならないような悪い報告が徐々に上がってこなく

なりかねません。風通しが悪くなりますね。

なかなかできることではないですが、悪い報告をしてきたら、「よくすぐに話してくれた。よし、対策を立てようじゃないか！」と冷静に言える忍耐力をつけなければなりません。

皆さんも報告を受けるときに意識なさってください。

chapter

8

説得力を磨け

説得のしかた、受け方、断り方

私のこれまでの人生で、説得され、応じたり、断ったり。説得し、協力してもらったり、断られたり。数えきれないほどありました。おそらく皆さんもそうでしょう。そして、私の印象では「説得の上手な人は仕事のできる人」です。

これまでかかわった数名の顔が思い浮かびます。

ある公益団体での社会貢献活動を共に行おうと、穏やかな笑顔でことば数少なく静かに語ったMさん。その人柄に惚れました。ついて行こうという気になりました。

東日本大震災の復興支援活動に情熱を傾けるKさん。その個性的な考えに惹かれました。

新任管理職研修の講演がきっかけで話力講座を知り、初めて参加したとき、重厚な低音でゆったりと「やあ、しばらく。よく来たな!」と声をかけてきたT先生。このたった一言で、30年以上話力とかかわることになりました。方法は人それぞれでした。説得を受けたときの印象もそれぞれ違いました。しかし、彼らの説得に応じたという結果は同じです。

本章では、説得の効果を上げる話力の磨き方、説得のしかた、受け方、断り方についてお話しします。

1 人生は説得の連続

「一人でできることは限られる」それはそうですよね。

何から何まで自ら行おうとしても無理があります。同時に行えることは限られます。ですから、誰かに協力を求めたい。そこで、これまでお話ししてきたように、指示したり、依頼したりするのですね。しかし、相手にも都合や事情がありますから、すぐに応じてもらえるとは限りません。断られたり、ためらわれたりすることもあるでしょう。

それでも、何とか協力を求めたい。時には、強制してしまったり、口論になったりしていませんか？

米国の独立宣言の起草者の一人であり、政治家・科学者のベンジャミン・フランクリン（1706～1790）は「口論は誰にでもできるゲームだが、双方とも決して勝てない奇妙なゲームだ」と言ったそうです。

フランクリン先生流にいえば、「強制や口論は誰にでもできるゲームだが、勝利者はいない。たとえ相手を屈服させたとしても、納得はしていない」ということでしょうか。

だいぶ前のことです。外務省の上級官僚と大臣との軋轢が表面化したことがありました。当時のT大臣は歯に衣着せぬ物言いで、国民に人気がありました。

おそらく、官僚に対してもその調子で、強烈なことばを浴びせたのでしょうか。しかし官僚にもプライドがありますから、罵声を浴びせられたらたまりません。ますます大臣の言うことを聴かなくなったのでしょう。

T大臣もエスカレートして「外務省は伏魔殿のようなところだ」と言ってしまいました。こうして外務省内のゴタゴタが表面化したのです。そのときに、ある外務大臣経験者が取材に応えて言いました。「ののしるだけでは人は動かない」と。

強制されて、あるいは口論に負けて、しぶしぶ説得に応じたとしても、「今に見ていろ……」などと思いませんか。

たとえその場はおさまっても、こういう思いを持たれては、総合的には、あるいは長期的にはマイナスです。

できれば、納得して、自発的に協力してもらえるように、「しむける」「うながす」「その気にさせる」工夫が必要ですね。

［図表16］ 説明＋納得＝説得

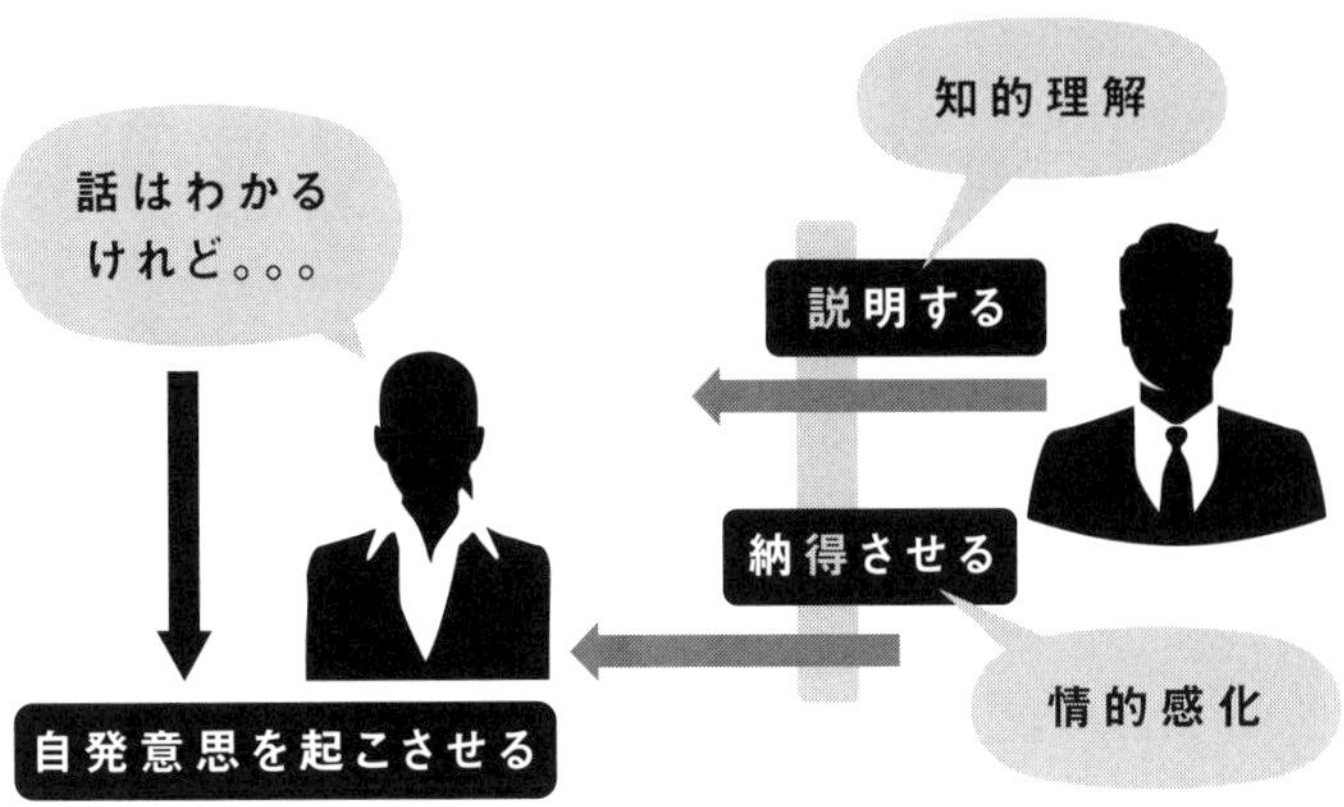

本来の「説得」とは、「指示・依頼を断ってきた相手、実行することをためらっている相手に対して、目的を果たすように促すこと」です。

指示・依頼すべき事柄について十分に説明し、知的に理解させます。

しかし、場合によっては、相手にも事情や都合がありますから、「話はわかったけれど……」と断られるかもしれません。そこで、相手の気持ちにも働きかけて情的に感化させ、心を動かし、納得させるのです【図表16】。

なるほど、そういうことであれば私が行いましょうと自発的意思を起こさせる。これが説得ですね。

一人でできることは限られます。ですから、人生は説得の連続です。そして説得の効果を高めるためには、話力を磨くことが肝要です。ともに磨いていきましょう。

2 あなたの話力が説得の効果を左右する

説得は「説明してわからせ、納得させて動かす」でしたね。相手にも事情や都合がありますから、難しいです。

巧みな話術、小手先の対応では、相手に「心のしこり」を残すことになるかもしれません。うそ、ごまかしがあると、たとえそのときはうまくいったとしても相手に「だまされた」という気持ちを残すことになりかねません。

長い目で見たら人間関係にマイナスです。

「even a penny technique」

米国流の説得術に次のようなものがあるそうです。募金を求める際のテクニックです。

日本流に言えばこうです。

「10円でいいから募金して」

このように、少額で言えば、多くの人が募金しようとするでしょう。しかも10円ではなくて100円くらいは募金してくれるはずです。

また、このような方法もあります。


「door in the face technique」


「1000円募金して！　無理なら100円でもいい」

最初にハードルを上げておいて、断られる前にぐっと下げる方法ですね。他国との交渉を主としてこの方法で行ったどこかの国の大統領がいましたね。

それから、このような言い方もあります。


「low ball technique」


100円募金してほしいときに「90円募金して」と言い、募金しようとしたら、「あと10円出してくれれば施設も作れるんですが」と言います。

いかがですか？　どのような印象を持たれますか？

米国は合理主義の国、契約の国、ディベートの国ですから、こういうゲーム感覚の方法論が成り立つのかもしれません。しかし、日本人の感覚としてどうでしょうか？「だまされた！」「うまく乗せられた！」などという思いを持ちませんか？

そうでなくとも少々違和感がありますよね。日本では、米国流を無考慮に使うのは控えたほうがよさそうです。

効果を上げるには、やはり自分の話力を磨いて臨まなければなりません。話力の基本要素を磨きましょう。何でしたか？　覚えていますか？　そうですね。「心格力」「内容力」「対応力」です。説得力を高めるために、次から解説する点を意識してください。

3　説得力を高めるために心格力を磨け

まず、心格力に関する項目です。次の①〜③です。

❶日ごろの言動が説得の効果に影響する

例えば、日ごろ誰かが困っていても協力しようとしないのに、自分が困ると「協力してくれ」では、虫がよすぎますね。

周りの人だって、協力したくないですよね。たとえ助けてあげたとしても、「普段、協力しないくせに、自分勝手だな」などという気持ちはぬぐえないでしょう。

身勝手な言動を繰り返す人に対しても、気持ちが離れますね。説得の効果を高めるためには、日ごろの協力姿勢、日ごろから相手に寄り添う言動が大切です。

❷ 人間関係が説得の効果を左右する

誰でも好き嫌いはありますね。人間ですから。嫌いな人、苦手な人から飲食に誘われたらどうですか？　用事がないのに、突然急用ができたりしませんか？

「今日、この後空いている？」

「いや、仕事がたまっているので……」

「仕事なら、明日がんばればいいじゃないか」

「いや、子どもが病気で……」

「……」

一方、好意を持っている人から誘われたら、どうですか。たとえ忙しくても何とか都合をつけませんか？　人間関係が説得の効果を左右するのです。

❸会う機会を持て

嫌いな人、苦手な人でなくても、人間関係を保つ努力を怠ってはいけません。皆さんは経験ありませんか。

「ボーナスのときだけ同級生」

ボーナス時期になると金融機関に勤めている同級生がやってきて、預金するように頼まれる。その後はしばらくご無沙汰で、またボーナスの時期にやってくる。

最初のころはよいのですが、そのうち「利用されているだけか」という気になりますね。

そういう気持ちにさせてはマイナスです。日ごろから会う機会を持って、好意的にかかわる努力が必要です。

4 説得は内容力で勝負せよ

内容力については次の①、②が挙げられます。

❶説得する事柄について十分に理解する

小泉内閣の際に民間から経済閣僚に就任した経済学者の竹中平蔵さん。大臣として初めて国会に臨み、他の大臣の答弁を聴いていました。

答弁終了後、記者からインタビューされました。

「他の大臣の答弁はいかがでしたか?」

竹中さんは、「説得力のある答弁はメモや資料を見ないでなされたときに生まれるということがわかりました」と答えていらっしゃいました。

説得する事柄を十分に理解して話さなければ、相手に伝わるものではありません。場合によっては、自信のなさが伝わり、相手を不安にさせてしまうかもしれません。

❷自らが納得していなければ訴える力が弱まる

自分が納得できれば、自信を持って話せますね。相手にその熱意が伝わります。

「私にはたいして効果がないのですが、あなたには良いと思うから使ってみて！」などと言われても、心に響いてきませんね。

5 説得には対応力を生かせ

また、対応力については、次の①〜②がポイントです。

❶相手に与える印象で結果が変わる

自信を持った態度は相手に安心感を与えます。

感じのよい言動は相手を心地よい気持ちにします。

話力講座を受講くださったXさんの自己紹介が今でも印象に残っています。

「私の趣味は読書です。毎月、何冊も読みます。ですから、帰宅するときによく書店に寄って気に入った本を買います。

家の近くに本屋があるのですが、そこには行きません。駅から自宅とは反対方向にある本屋へわざわざ行きます。なぜかといいますと、家の近くの本屋は本を放り投げるように雑に扱います。不快です。それに対して、駅の向こうの本屋では、購入した本にブックカバーを丁寧につけて、うやうやしく掲げて渡してくれます。気持ちがいいのです」

同じ書店です。どちらでも本を買えますが、ちょっとした印象により結果が変わってきますね。

皆さんもひいきにしている飲食店、書店、衣料品店など、ありますよね。

他でも買えるでしょうに、なぜそのお店に行くのですか？

感じのよさが大きな理由のひとつではないですか。

❷長期的な視野で適切に対応せよ

説得するときの心構えは「あきらめるな！　粘れ！　続けろ!!」です。

しかし、相手に応じて「潮時を考える」ことも大切です。

相手との人間関係、信頼関係を壊してしまっては元も子もありません。どこまで踏み込めるかを考えながら説得します。

相手の表情、話し方、態度、しぐさなどを敏感に感じ取り、これ以上踏み込んでは逆効果だと思ったら、次の機会を探りましょう。

あるいは、あらためて作戦を立て直すことが肝要です。

6 説得に成功するための秘訣「作戦を立てよ！」「道具を持て!!」

こうすれば必ず説得が成功するというノウハウはありません。

まことしやかに、「必ず成功する説得術！」などと謳っているハウツー本もありますが、怪しいですね。

なぜなら、説得する相手は皆違うからです。性格も考え方も事情も異なるのですから、一律にこうすれば必ずうまくいくというわけにはいきません。

しかし、**説得の効果が上がったとき、どういう方法で行ったかを知ることは、参考になります。**

説得に成功したときは、概ね次の方法のいくつかを採用しています。

こうした方法をぜひ生かし、説得に成功するための作戦を立てて行動してください。

❶ 断る理由を確認する

「話すな、話させろ。断る理由が説得点」といいますね。

理由を聴かずに、理由を尋ねずに、一方的に話しても効果的ではありません。「下手な営業マン（営業パーソン）ほどよく話す」と言われるゆえんです。相手の話を引き出し、断る理由を確認します。効果的に説得するための作戦を立てましょう。

❷ 注目させ、興味を持たせる

「耳よりの情報があるのですが」「ちょっと小粋な店見つけたのですが」などと注目させ、興味を持たせます。

話を聴かせるようにしむけましょう。営業戦略や販売戦略の研修を受けると、「ＡＩＤＭＡの法則」がでてきます。もともとは１９２０年代に米国で提唱された広告宣伝に対する消費者の心理プロセスを表した略語です。いまだに色あせず、使われています。

消費者が商品を購入するまでには、次のような段階があると言っています。

Attention（注目する）
Interest（興味・関心を持つ）
Desire（願望。購入したいと思う）
Memory（記憶にとどめる）
Action（行動する）

ですから、**説得する際は、注目させ（A）、興味関心を持たせ（I）、ほしいと思わせ（D）、印象に残して（M）、行動（A）を起こさせるとよいですね。**

❸方法や結果を示す

説得を受けた相手は、求められた事柄が「難しいのではないか？」などと不安に思うこともあるでしょう。また、「応じた場合、どうなるだろうか？」心配でしょう。

こうした不安感を取り除くことが必要です。

皆さんは突然「頼みがあるのですが、受けてくれませんか?」と言われたら、どうなさいますか?

すぐに、「いいですよ」と引き受けますか?

そんなことはないでしょう。どんなことなのか心配ですね。予防線をはりませんか?

「どんなことですか?」と尋ねますね。

「ちょっとこの荷物を倉庫まで運んでほしいのです」

あるいは、「今日の議事録をとってほしいのです」

不安感がなくなると、「あっ、そんなことでしたら。わかりました。引き受けます」ということになるのではないですか。

相手に不安を与えないよう方法や結果を示すとよいですね。

❹自発的意思を起こさせる

人は一般に他人に動かされるのを嫌う傾向にあります。どちらかと言えば、自ら自由に動きたい。

ですから、**強制させられたと思わせないよう、「他動」(他人に動かされる)を、ことば**

で「自動」(自ら動く)に代える配慮や工夫が必要です。

例えば、職場のNさんに職場の問題の改善策を講じるようにしむけるとします。Nさんを呼んで言います。

「うちの職場には、こうした問題があるよな」

突然の話にNさんは少々うろたえながらも「そうですね」

「どうすればいいかな?」

突然、尋ねられても、なかなか応えられるものではありません。

「そうですね……」

「こういう方法はどうかな?」

Nさん、少し考え、なるほどと納得します。

「それはいいと思います」

「では、頼むよ」

自分で納得し、肯定したわけです。少なからず、強制されたという意識は弱まるのではないでしょうか。

参考までにいくつかの方法を次に挙げておきます。相手に応じて、目的やその場の状況にあわせて工夫してください。

・不安感をあおる

昔、都心のある道路に次のような看板が立てかけられていました。

「ここを横断しますと、万一の場合、保険金が支払われないことがあります。××警察署」

あるいは、病院で「きちんと薬を飲んでくださらないと、入院ですよ」

相手の不安感をあおり、行動を起こさせようとしていますね。

・幅を持たせる

相手に選択肢を残しておくと強制されたという意識が弱まります。

「2つタイプがあります。こちらは新商品。もうひとつは一世代前の商品でお安くなります。どちらになさいますか?」といった具合です。

・プライドをくすぐる

「お客さま、お目が高いですね」「お客様はお若く見えますすね」などと言われると気持ちよくなって、ついつい相手の言い分を聴いてしまいませんか？

・締め切りをせまる

「キャンペーン期間中の今なら半額です。キャンペーン期間を過ぎますと、通常価格での販売です」などと紹介されますと、「今買わなければ」と思いませんか？

・その他

励ましたり、「考えておいてください」と時間をおいたり、相手の条件に応じたり、長期的に信頼関係、人間関係を損なわない範囲で「自発的意思を起こさせる」工夫をなさってください。

❺補助力を活用する

「補助力」とは、説得の効果を高めるために利用できるものの総称と考えてください。もちろん、社会的に許容される範囲においてです。

手を取ってひっぱっていく。背中を押す。物理的な力。上司の立場を利用するなど地位や権力。贈り物としての金力、物力。社会的な背景やその場の状況、タイミングなどです。何か頼みごとをするときに、贈り物をしますね。雰囲気作りに大切な要素です。しかし、あくまで補助力、基本は話力です。

❻第三者を介する

知らない人、あまり話したことがない人に直接説得しようとしても効果的ではありません。相手と好意的な関係にある人に依頼して説得してもらうほうが効果的です。説得を受ける側の人間関係なども見極めて、効果的な方法を見出してください。

❼充足感を持たせる

説得を受けてくれたら、結果が出たら、少なくとも一言「ありがとう」を忘れないでください。次につなげるためにも大切です。忙しいとついつい忘れがちです。しかし、忘れがちなのは自分のみ。相手は覚えていますよ。

「頼まれたから、忙しいところがんばったのに。引き受けたら、お礼の一言もないんだから」と思われないように。手を抜いてはいけません。

7 説得の受け方、断り方

説得に応じておいて、「やっぱりできませんでした」では困ります。

相手は当然「結果を出してくれる」と思っているでしょう。信頼関係、人間関係を損なうことになりかねません。

「仕事のできないやつだ！」などとマイナスに評価されてしまうかもしれません。仕事の内容によっては、トラブルにつながることもあるでしょう。

ですから、引き受けるときも、慎重になさってください。引き受けた場合どうなるか？本当にできるか？　周囲にマイナスの影響を与えないか？　など、よく考えることが大切です。

そして、どうしても応じられない場合、相手も期待していますから、より慎重に「断る」ことが大切です。

「断る」場合は、「逆説得」です。

「なるほど、そういうことであれば、やむを得ない」と相手を納得させて、あきらめてくれるように「しむける」工夫をなさってください。
その際のポイントをお伝えしましょう。

❶まず傾聴

「ろくに話も聴かずに断った」と思われては、後々まで禍根を残すことになりかねません。特に忙しいときに頼みごとを持ち込まれては、「だめだめ、今忙しいから！」と言いたくなる気持ちはわかります。わかりますが、ぐっとこらえて、相手の話を最後までよく聴く。

忙しいけれど、何とかしてあげられないか、良いアイデアはないかという気持ちで耳を傾ける。こういう姿勢、こういう心構えが、相手に伝わります。

特に忙しいときにこのことを忘れないでください。

❷抵抗を和らげることばを使う

話を十分聴いたうえで、どうしても受けられないということであれば、断らざるを得ません。複数のことを同時にこなすのはなかなか難しいですから、先約があればやむを得ないです。

しかし、頭ごなしに断られては、相手は気持ちのよいはずがありません。何とかしたいのだが、申しわけないという気持ちを表すことばが必要です。

「申しわけない」「ごめんなさい」「私ができればよいのですが」「何とかしたいのだけれど……」など、まずは相手の抵抗を和らげることばを伝えます。

このとき、ことばと表情を一致させることも忘れないようにしましょう。事務的なことばは逆効果です。気持ちをことばに表すのです。気持ちを表すのですから、おのずと「申しわけない」という表情になりますね。

❸「ノー」をはっきりわからせる

とはいえ、あまりにも相手に配慮しすぎて、あいまいな返事にしてはいけません。逆効果です。

人は一般的に自分に都合の良い解釈をします。

「考えておきます」

自分では、断ったつもりでも、相手は「考えてくれるんだ。受けてもらえるだろう」など期待しているかもしれません。後々、問題になります。
「引き受けられない」ということをはっきり伝える必要がありますね。

❹事情や理由を示す

相手は何とか説得すれば引き受けてもらえると思っているものです。ですから、「ノー」と言われれば、「なぜだ!?」という気持ちが起きます。

この「なぜだ!?」に誠実に応えることが大切です。こうしたときに、独りよがりな事情や理由を伝えていませんか?

これでは、相手の「なぜだ!?」を和らげることはできません。

相手が納得できる事情や理由を丁寧に伝えるとよいでしょう。真実、事実を伝えます。事実でないことは必ず後でわかるものです。人間関係、信頼関係を損なうことになりかねません。

❺代案を示す

できれば、代案を示すとよいでしょう。たとえ断っても、相手の納得できる受け入れ可能な代案であれば、感謝されることもあるでしょう。

部下から披露宴でスピーチを頼まれましたが、その日は先約が入っています。

「申しわけない。その日は、取引先との会合があり、どうしても外せないんだ。私は引き受けられないが、めでたいことだ。部長に頼んであげるが、どうだ？」

いかがですか？　これなら断られた側も残念ではあるものの、納得できるのではないでしょうか？

引き受けるときも、断るときも慎重に。

chapter

9

人を育てる 称賛と忠告

ほめて、叱って、またほめよ

家庭でも、学校でも、ビジネスにおいても「人を育てる」ことは重要な課題です。

「子どもがゲームばかりしていて、親の話を聴こうともしない。どうすればいいでしょうか？」

「見込みのある生徒だから、がんばってほしかったのに。叱ったら、部活をやめてしまった。残念でしかたがない」

「最近の若い社員とことばが通じない。ちょっと何か言うと、パワハラだと言ってくる。どうすればいいのか？」

講演、研修に訪れた先で、毎年のようにこのような話を聴きます。それぞれの立場で程度の差はあるものの、悩んでいる方は多いのではないでしょうか。

本章では、**ほめる「称賛」と叱る「忠告」を、人材育成のための機能ととらえ、効果的な称賛と忠告について明らかにしていきます。**

1 人を育てる「7つほめ、3つ叱れ」

「三つしかって五つ褒め七つ教えて子は育つ」ということわざがあります。また、似たような文言で二宮尊徳（1787〜1856）の「可愛くば、五つ教えて、三つほめ、二つ叱ってよき人となせ」が有名です。私どもは「7つほめ、3つ叱れ」と言っています。

あるいは「ほめて、叱って、またほめよ」とも言います。

叱ってばかりでは効果的ではありません。叱られる立場に立てば、いやなものです。心にグサッと突き刺さります。言い訳したくなります。反発したくなります。

このようなことが続くと、そのうち聞き流すようになりかねません。聴かないは、「利かない」、つまり効果が上がらない、ということです。

ここで言う「叱る」とは、助言（アドバイス）、注意、忠告、叱責です。相手の意図に反してあらためさせることです。相手があらためようと思っていないのにあらためさせるのです。

内容の軽重や状況、相手によりいろいろですが、効果を上げるためには、基盤が必要です。相手との人間関係や信頼関係、相手があなたに対して好意や尊敬の気持ちを持っているかどうかで変わります。

たとえ強烈なことを言っても、相手が好意的に、肯定的にとらえてくれるかどうか。どんなに厳しいことを言っても傾かない、倒れない確固とした人間関係の基盤があるかどうかにかかっています。

特に職場の管理職が部下を注意、忠告して効果を上げたいなら、まずはこの基盤づくりに取り組むことが必要なのです。

そして、この基盤づくりに大切なのは「ほめる」ことです。

「ほめ上手本当はほめてもらいたい」

「ほめられたことばを自分で言ってみる」

これらは第一生命が毎年公募しているサラリーマン川柳の入選作でした。

人は少なからず、「ほめられたい」という気持ちを持っているのではないですか？

「私は別にほめられたいとは思わない」と言っている自信家でも、おそらく一人二人、尊敬するあの人には「認められたい」という気持ちはあるでしょう。

この「ほめられたい」「認められたい」という相手の願望に応えることが大切なのです。

［図表17］「ほめる」と「叱る」

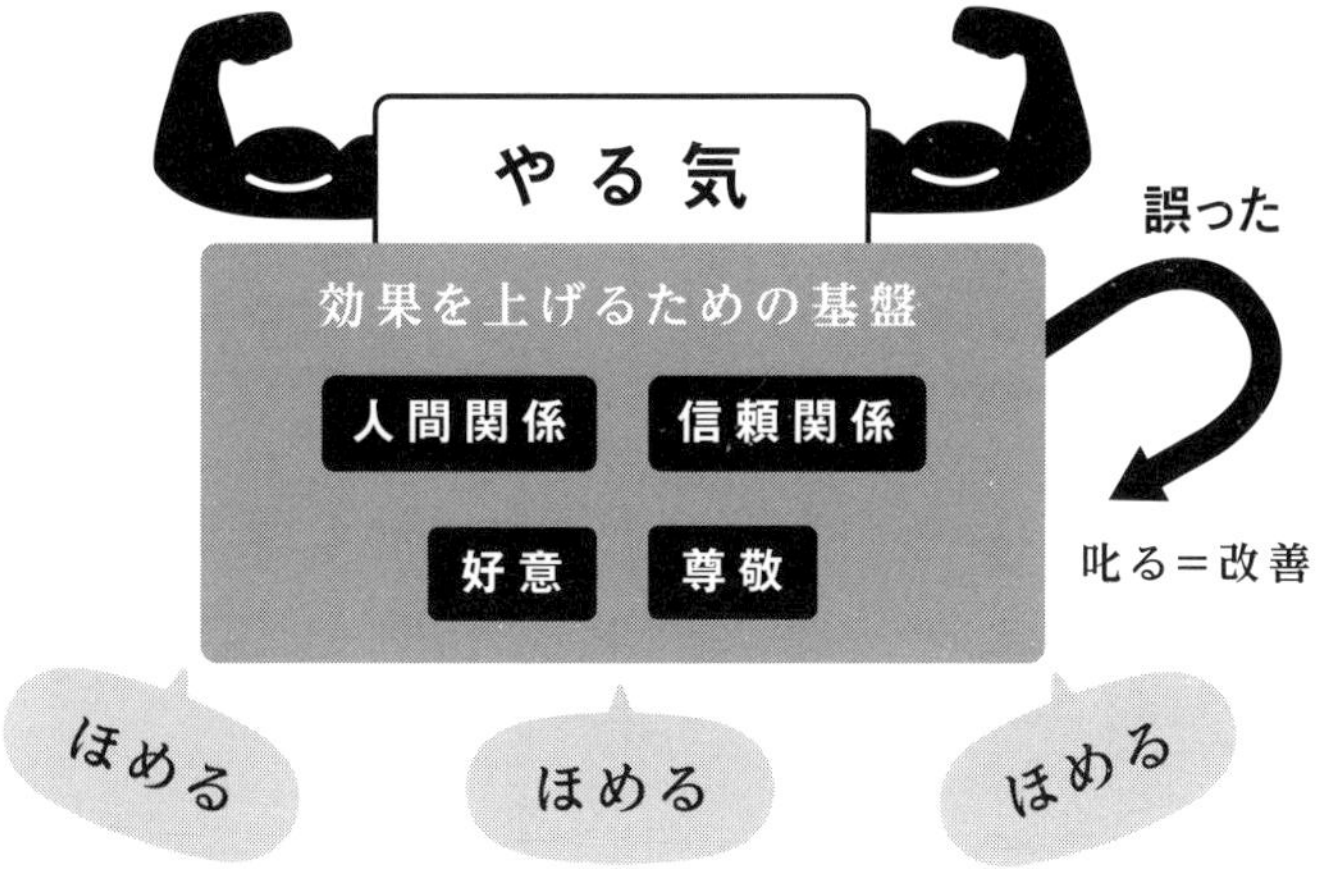

そうすることにより、相手は「ほめられた」「認められた」「私のことをきちんと評価してくれている」「いつも気にかけてくれている」と思うでしょう。

そして好意を持つでしょう。信頼するでしょう。尊敬の気持ちもわいてくるものです。日ごろから「ほめる」努力をすることです。

ことばに出さなければ伝わりません。少なくとも1日1回以上。相手の価値を認めることばを相手に伝えてください。注意・忠告の効果を上げるための基盤づくりです。

ほめられると「やる気」になります。気持ちが高揚します。「ほめことば」を受けると、俗に「やる気ホルモン」と言われているホルモンの分泌が高まるそうです。

職場が生き生きします。やる気に満ちてきます。

そして、改善すべきことを見つけたら「叱る」のです【図表17】。ぜひ、実践なさってください。

2 相手を認め、ほめ上手になろう

「ほめると部下が図に乗るからほめない！」

「ほめる」ということに対して、このような考えを持っている職場のリーダーは少なくないかもしれません。しかし、これは誤解です。もちろん受け止め方の問題がないわけではありません。しかし、多くの場合、効果的にほめていない結果だと考えています。

「ほめる」を「おだてる」「お世辞を言う」「ちやほやする」ことだと思っていれば、確かに「図に乗せてしまう」かもしれません。

「ほめる」とは「相手の価値を認める」ということです。

「ほめる」ことが人を育てることにつながるとお話ししました。

皆さんは周囲の人をほめていますか？　また、周囲からほめられていますか？

いろいろな職場でアンケート調査をしてみると、職場のリーダーが「ほめている」と答えても、その部下たちは「ほめられていない」と答えるケースは少なくありません。効果が出ていないということですね。


効果を上げるために考えていただきたいことをお話しします。

まずは、**「あたりまえ」はほめないですね。**

医師に「病気のことをよく知っていますね」

歌手に「歌がうまいですね」

弁護士に「法律に詳しいですね」などとは言わないでしょう。あたりまえをほめると、相手には「ばかにされた」「茶化された」というメッセージとして伝わりますよ。

次に、自分を基準にしてほめていませんか？　「あたりまえ」の基準は人それぞれです。

私事ですが、若いころはコンピュータのシステムエンジニアとして仕事をしていました。10年ほど経験を積みましたので、キーボードは両手でパチパチ打てます。私のキャリアを知っている知人がそれを見ていて「秋田さん、キーボード両手で打てるんだ！　すごいね」とほめてくれました。

自分は打てないけど、秋田は打てる。自分基準なのです。ほめてくれたのだと理性ではわかるのですが、気持ちとしては「私にとっては当然のことなのに」という思いがありました。

相手の基準にしたがってほめないと、相手に戸惑われて効果が半減するということを理解してください。

また、自分基準では、部下をほめられなくなりますよ。なぜかといいますと、リーダーである皆さんのほうが経験を積んでいるのですから、できて当たり前ですね。「仕事のできる上司ほど、部下をほめない」ということがあるとすれば、自分基準だからです。

ほめるときは相手基準でほめましょう。相手ができていなかったことができるようになったら、ことばにして相手に伝えるのです。

そのためにも日ごろから周囲を観察する意識が大切です。

3つ目は、ほめことばを知らないと、タイミングよくほめられません。日ごろから、ほめことばを仕入れる努力をしてください。

皆さんは、自分の良い点をいくつあげられますか？　書いてみるといいですね。10ですか？　20ですか？　30ですか？

自分すらほめることができなくて、他人をほめられますか？

まずは自分をほめることば30以上が目標です。

他人をほめるとき、良い方法があります。ほめるべき事実を伝えて、一言添えるのです。

「～、いいね」「～、がんばったね」「～、よくやったね」「～、ありがとう」「～、うまくいったね」「～、さすがだね」「～、助かったよ」「～、うまいね」「～、すごいね」

いかがですか。これなら、タイミングよくほめられますね。

ほめるは、相手の価値を認めることですから、事実をほめてください。

「おせじを言う」「おだてる」は事実ではありません。この違いを意識なさってください。

そして、実際にほめるときは、次の原則を守ってください。

❶事実を具体的にほめる

「その服似合っていますね」これでもことばに出さないよりは出したほうがいいです。

しかし、もう一歩踏み込んでください。どこがどのようによいのかを具体的に伝えると、本心から言ってくれているのだというメッセージが相手に伝わりますよ。

❷タイミングよくほめる

「そういえば、昨年の今ごろだったね。君のプレゼンよかったよ」

1年も経ってからほめられても実感がわきません。相手の良さ、相手の価値に気づいたらすぐに、タイミングよくほめてください。

❸オーバーにならない

だいぶ前になりましょうか、「ほめ殺し」ということばが流行りました。あまりにもオーバーになると、効果的ではありません。

「からかわれている」「バカにされた」などという印象を与えては逆効果です。

適切な表現を心がけてください。

❹相手の気づかない点をほめる

相手がほめてほしいと思っているところは必ずほめるようにします。

それに加えて、相手が気づいていない良い点をほめます。気づかせるのです。成長につながります。

❺間接的にほめる

直接ほめると、お世辞と思われてしまうかもしれません。

例えば、相手に伝わるように第三者を介してほめます。自分がいないところでもほめてくれていると思わせると、お世辞と思われないで効果が上がります。

また、「この文章、添削してくれませんか?」「スマートフォンを購入したいのですが、どんなものを購入したらいいですかね?」などと依頼したり、教えを乞うとよいですね。

そのことに長けている、詳しいと思っているというメッセージが相手に伝わり、間接的にほめている(相手の価値を認めている)ことにつながります。

日ごろからほめて育てる。ほめ上手になってください。

3 好意を素直に受け取ってほめられ上手になろう

日本人はほめ下手、ほめられ下手のようです。

相手のことをことばに出してなかなかほめないですね。

また、ほめられるとすぐに「いやいやそんなことないですよ」と否定しがちです。せっかくほめているのに否定するとほめにくくなります。

ほめるというのは好意の裏返しです。好意を持っていなければ、なかなかほめられるものではありません。

知らない人をほめられますか？　少々難しいですね。

嫌いな人をほめられますか？　これは不可能に近いのではありませんか。

ほめられるということは、好意を持ってくれたということですから、それに応えるよう心がけてください。

次の点を意識しましょう。

❶素直にお礼を言う

ほめられたら、「ありがとう」「ありがとうございます」が先ですね。

まずは素直に喜んでお礼を言いましょう。「認めてくださった」という喜びの気持ちを表情に表して、明るいことばを発することが大切です。

「ありがとう」はたいへんよいことばです。

漢字で「有難う」と書きます。「ありがとう」の反対語は何でしょうか？

「あたりまえ」です。その状態に「有る」ことが難しいから、「ありがとう」なのです。

よくぞ私のことを認めてくださった。その気持ちを込めて「ありがとう」と言うのです。

❷やたらに否定しない

日本人は謙遜を美徳としています。ですから、ほめられるとすぐに反応して、否定してしまいがちです。

ほめられて、お礼を言った後であれば、少々の謙遜はほほえましくもあります。人柄を表しますから、悪いことではありません。

しかし、度を過ぎないように心がけてください。せっかくほめてくれた人に戸惑いや不快な思いをさせない配慮が大切です。

❸調子に乗らない

希なことではありますが、なかにはほめられると「当然でしょう」という表情をしている人もいます。

「私を誰だと思っているの。そんなこと当然でしょう」とでも言いたいのでしょうか。有頂天になって、過度に反応することは慎まなければなりません。

ほめ上手、ほめられ上手をめざしましょう。

4 忠告はあらためさせることが目的

忠告とは、あらためさせることを目的とした話です。

相手との人間関係、社会関係、目的の軽重などにより、「助言（アドバイス）」「注意」「忠告」「叱る」など多少のニュアンスの差はあります。

ここでは、それらをすべてまとめて「忠告」ととらえることにします。

忠告は得意ですか？

「忠告するなら私に任せてくれ」という方がいらっしゃるでしょうか？

おそらくいないでしょう。できれば忠告したくないのではないでしょうか？

人間ですから、「ミスすることもある自分」が忠告するのですね。

「お前はどうなんだ！」などと思われたくないという気持ちが働きますよね。

あるいは、「反発されたらいやだな」「不快な思いをしたくない」「せっかく人間関係がうまくいっているのに、ぎくしゃくしたくない」

こうした不安感があるかもしれません。

しかし、放置していたらどうでしょうか？　職場が荒れることになりませんか？　そこまでいかなくても、職場の雰囲気に問題が生じかねません。

「割られた窓を放置すると、やがてすべての窓が割られる」と言われています。

「割れ窓（破れ窓）の理論」と言うそうです。

本来は環境犯罪学の理論です。軽微な犯罪も徹底的に取り締まることで、凶悪犯罪を含めた犯罪を抑止できるという意味だそうです。

少々大げさかもしれませんが、職場や家庭でも割れ窓の理論が当てはまるのではないですか。放置していたら、エスカレートしかねないですよ。

人を育てるためにも、あらためるべきことはすぐにあらためさせることが大切です。

職場や社会がリーダーに求めていることですし、リーダーの責務です。とはいえ、やみくもに忠告しても効果が上がりません。


これは知人のIさんから聴いた話です。

ある専門学校の講師控室のドアを開けると、2人の同僚講師がおしゃべりをしていました。横のテーブルには荷物を広げたままでした。

Iさんはおしゃべりしている2人に声をかけました。

「テーブルの荷物を片づけてください。他の方が使えないですよ」

おしゃべりをしていた1人がIさんをにらみつけ、「私はあなたの生徒ではありません」といって、荷物を持って出て行きました。

Iさんは、この話をして、最後にこう言っていました。

「正しいことを言うときほど慎重にしなければいけないですね」

目的はあらためさせることですから、反発させないように、効果が上がるように工夫しなければなりません。忠告の難しいところです。

5 情熱と冷静の間で叱れ！

あらためさせるには、どのように叱ったらよいのか？ 悩んでいる方は少なくないですね。特にパワーハラスメントの問題が指摘され、パワハラ防止法の成立を契機として多くの方の意識が高まったように思います。

相手を思って叱ったつもりが、知らず知らずに度を越してしまったり、「パワハラだ」と言われてしまっては何にもなりません。

適切な基準を持っていないと、あたふたすることになるかもしれません。

以前、高校や大学のスポーツ指導者を前に講演する機会がありました。

そのときに、ある高校の野球部の監督から質問を受けました。

「素質があり、将来有望だと思って指導する。見込みがあるから叱るのだが、叱ったらやる気をなくして辞めてしまう。どうしたらいいのでしょうか？」

最近は特に難しいですね。昔は子どものときから親や近所の人にあたりまえのように叱られ、ある意味「耐える力」が身についていました。少し前から若者のこの耐性が低いため、ちょっと叱られると大きなショックを受けがちなのでしょう。

忠告の効果を上げるために、次の点を意識してください。

❶相手の自尊心を守る

頭ごなしに叱っては、「叱らなければよかった」という結果になりかねません。

「正しいことを言うときほど慎重に」でしたね。

ポイントは2つです。

まずは、時と場に気をつけることです。

月曜の朝いちばん。これから1週間がんばろうというときに叱っては、一日中、あるいは1週間、暗い気持ちになりかねません。

また、おおぜいのいるところで叱らないよう気をつけてください。おおぜいでなくともライバルがいるところ、同期、部下、後輩のいる場で叱られてはたまりません。**忠告するときは別室で、一対一が原則です。**

2つ目は、相手の性格、能力、耐力を把握したうえで忠告することが大切です。どこまで踏み込めるかをよく考えてください。踏み込みすぎて、反発を招いたり、やる気をなくさせては意味がありません。どこまで耐えられるか、相手に応じて作戦を立てます。効果が上がるように、あらためることができるように工夫なさってください。**あせらず、じっくりです。場合によっては、すべてあらためさせるのではなく、段階を踏むことも大切です。長期戦で臨んでください。**

❷日ごろから好意的な関係づくりに努力する

効果的に叱るには、好意的な関係、信頼関係、尊敬されることが大切だとお話ししました。日ごろから好意的な人間関係を築くことが大切です。

そのためには、相手の良い点を指摘する「ほめる」でしたね。ことばに出さなければ伝わりませんよ。

❸「怒る」と「叱る」の違いを意識する

実際に叱るときは、「怒る」と「叱る」「注意・忠告」の違いを意識し続けてください。

「何やってんだ！」と思った瞬間、カッとなって忘れてしまいがちです。

「怒る」というのは心の解放です。自分の気持ちをぶつけて、自分がすっきりしたいのです。そのときの気分しだいです。

「機嫌が良いと怒らないが、機嫌が悪いとすぐ爆発する」などということはないですか。

自分本位。利己的と言ってもいいでしょう。

「忠告」の目的は人を育てることです。愛情を持って、客観的な尺度で、誠実に忠告します。あらためさせるべき事実があったら、あらためさせるために忠告するのです。相手の成長を願って叱るのです。


今、感情的になっていないか。相手のために叱っているか。相手の成長を願って叱っているか。常に自省しながら忠告する意識を持ってください。

❹情熱と冷静の間で、勇気を持って本気で叱る

そのためには、常に冷静でいなければなりません。感情的にならないことです。

人間ですからたいへん難しいことですが、感情的になってしまうと相手も感情が先行します。

「売りことばに買いことば」となって不毛な口論になりかねません。ぐっとこらえることです。

また、「わかってくれるだろうか?」「反発されはしないか?」心配ですね。わかります。とはいえ、叱ると決めたら勇気と本気で叱ってください。必ず本気が伝わります。その情熱が相手に伝わるのです。

たとえそのときは十分でなくとも、いつかわかってくれるはずです。そう信じて本気で向き合ってください。

❺相手の言い分を最後まで聴く

頭ごなしに叱らないことです。

「何も知らないくせに怒ってきた」「噂話を本気にして怒ってきた」などと思われないように。事実でないこと、噂話を信じて忠告しては、逆効果であるばかりか、その後に禍根を残し、信頼関係が崩れます。

まずは、事実関係を確認します。どうすればいいのでしょうか？

相手の言い分を聴くところから始めます。

「このごろ、仕事がはかどっていないようだが、どうかしたか？」「例の件、うまくいっていないようだが、何か困っているのか？」などとまずは相手に尋ねます。

相手の言い分をすべて吐き出させて、事実関係を十分把握することから始めてください。

❻改善策を示す

頭ごなしに叱られると、それが事実でも反発したくなるものです。

反発させないためにも、一緒に改善していこうとする雰囲気を高めてください。あらためさせることが目的なのですから。

こうしたらどうかとアドバイスする方法がありますね。それから、「今後どうすればいいだろうか？」と問いかけて、答えを見つけさせる方法もあります。

❼励ましながら叱る

忠告は相手の気持ちを暗くするものです。心にグサッと刺さります。

相手に応じて、励ましながら叱るなど工夫が必要です。「君のことを期待しているから言っているんだ」「厳しいことだけれど、がんばってくれ。頼りにしているぞ」など常に相手の自尊心に働きかけることが効果を上げるためにたいへん重要です。

ただし、真実でなければなりません。本心で言っているのかどうか、相手は敏感に感じ取ります。

ぜひ、愛情と情熱を傾けて、「育てる」気持ちで効果的な忠告をなさってください。

6 効果的な忠告のしかたをマスターする

人を育てるための称賛と忠告。「7つほめて3つ叱れ」でしたね。

まずは忠告の効果を上げるための基盤作りから始めます。

好意的な関係。信頼関係。できれば尊敬の気持ちを持ってもらえるように。

そのために、日ごろは意識してほめるのでしたね。事実をほめるのですよ。そして、改善点について忠告します。

「正しいことを言うときこそ慎重に」

そして情熱と冷静の間で叱るのでした。

このように用意周到に気を配って忠告しても、ちょっとした一言でつまずいたら、それまでの努力は台無しです。

忠告するときに、ついついしてしまいがちな落とし穴を次の①～⑤に挙げておきます。最後まで気を抜かず、以下の落とし穴に気をつけてください。

❶比較しない

「同期のA君は、あんなに優秀なのに君は……」「後輩のMさんはがんばっているぞ。抜かされるぞ！」

こういったことをついつい口に出していませんか？ ライバルと比較される。同期と比較される。同期ならまだしも、後輩まで登場しては忠告を受ける側はたまりません。

上司の立場では、言いたくなることもあるでしょう。わかります。しかし、ぐっとこらえてください。言ったからといって、プラスには働きません。マイナスになるだけです。

❷追加忠告しない

「そういえばこの間もこんなことがあったな」「ついでに言っとくが、君はもっと説明力もつけなければだめだぞ」

言いたくなる気持ちはわかりますが、今忠告すべき事柄がぼやけてしまいます。**「一時に一事の原則」を守ることが大切です。**忠告すべき事柄に集中してください。

❸すりかえない

「こんなことしているから、後輩に先を越されるんだ」「のろのろ仕事しているから、もてないんだ」

まったく関係ないとは言えないかもしれませんが、目的はあらためさせることです。目的外の事柄を持ち出さないように気をつけてください。

❹追いつめない、失望させない

どこまで踏み込めるかを常に考えて忠告してください。「そこまで言われるのでしたら、やめます」「この仕事おります」などと言わせてしまっては、忠告しないほうがよかったということになりかねません。相手に失望感を与えないよう、「励ましながら叱る」のでしたね。

❺忠告後に気をつける

どんなに人間関係がうまくいっていても、忠告直後というのは嫌なものです。

特に叱られた側は、気持ちが沈んでいるでしょう。少し、ぎくしゃくするかもしれません。ですから、まずは自らこだわりを持たず声かけをする努力をなさってください。

まずは、挨拶を心がけるとよいでしょう。

翌日、顔を合わせたら、「お〜、おはよう」だけでも、相手にとって少しは気持ちが和らぐことになるでしょう。

そして、**フォローを忘れない。「厳しいこと言ったが、期待しているからな。がんばってくれ！」など、相手の気持ちを和らげる気配りが大切です。**

忠告した結果、改善がみられるか見守ります。

すぐに結果が表れないことも多いです。しかし、相手が真摯に努力していれば、必ず違いが表れるはずです。それを見逃さず、ことばに出す。「称賛」ですね。

ほめて、叱って、またほめよです。この行為が次につながります。

一方、しばらく見守っても結果が表れないようなら、毅然と再忠告することも忘れないでください。

7 叱られたらチャンスと思え

叱られたくないですね。気持ちが沈みます。心にグサッと突き刺さります。ムカッとすることもあるかもしれません。辛いですね。わかります。

しかし、言われたことが事実であるなら、耐えてください。

相手が自身の感情を爆発させているのではないということがわかったら、自分の将来のために言ってくれているのだと少しでも感じることができるのであれば、受け止めてください。

忠告する側もたいへんなのです。わかってくれるだろうか。反発せずに受け止めてくれるだろうか。あらためてくれるだろうか。ドキドキなのです。

冷静に考えてみてください。嫌いな人に、どうでもいい人に忠告しようと思いますか。怒ることはあっても、感情を爆発させることはあっても、忠告しようとはしないでしょう。期待しているから叱るのですよ。少なくとも、嫌われていないから叱られるのですよ。叱られたらチャンスです。改善のチャンス。飛躍のチャンスです。

ぜひ、そう思って、このチャンスを生かしてください。忠告を受ける際、次の点に気をつけるとよいでしょう。

❶感謝の気持ちを持つ

皆さんは、自分のことを思って本気で忠告してくれる人を何人お持ちですか？

職場での経験年数を積むほど、先輩、上司ですら忠告してくれなくなるのではありませんか。立場が上がれば上がるほど、自分のことを思って厳しいことを言ってくれる人はいなくなるのではないでしょうか？

忠告してくれる人は、自分を成長させるための貴重な存在なのです。ですから、感謝の気持ちを忘れないでください。

叱られて、「ありがとう」の精神です。

話力の勉強を始めたころです。

私の先輩がベテランのインストラクターから叱られていました。

「今の講義で受講生が聴いてくれると思いますか。退屈してしまいますよ。準備が足りない。受講生に対する意識が足りない。あと100回準備して臨みなさい」などと言われているのです。

驚きでした。あれほど話せる先輩が、なぜあんなに厳しいことを言われないといけないのか？

しかし、その先輩は「はい。わかりました。がんばります。ありがとうございました」と言っていました。

うつむきながら、厳しいことばに耐え、「ありがとうございました」です。

そのときは理解できませんでした。それが、しばらく経験を積むとわかってきました。自分のことを思って厳しいことを言ってくれて「ありがとう」なのだと。

実績を上げると、だんだん言われなくなります。自分で気づき、磨いていくほかありません。そうなってくると、駆け出しのころ、先輩から厳しいことを言われたことが懐かしく思い出されます。

❷素直に詫びる

指摘されたら、まずは詫びのことばが先です。

たとえ事実と異なることがあっても、まずは相手に話を聴いてもらうためにも、詫びることばを発したほうが効果的です。

「申しわけありませんでした」「すみませんでした」「たいへん失礼しました」そのうえで、必要なら誤解を解くようにします。

❸やたらと抗弁しない

抗弁は不毛です。抗弁したり、言い訳していると成長はありません。

厳しいことばを受け止めて、日々改善しようと努力している人と、抗弁・言い訳で済ませてしまっている人では、5年後、10年後の違いは大きいです。

「こんな自分に誰がした!?」もちろん、「自分がした!」のです。

特に「3D」に気をつけましょう。

「だって〜」「でも〜」「どうせ私なんか〜」

事実をしっかり受け止める忍耐力をつけましょう。そして、コツコツと改善する努力を続けていきましょう。

❹ **責任回避しない**

何か事件が起きると、当事者が「部下が〜」「秘書が〜」「妻が〜」などと言っている報道を見聞きします。見苦しいですね。自らの責任を正面から受け止めましょう。

❺ **合理化しない**

もっともらしく理由づけしない。正当化しないということです。

だいぶ前の話ですが、日本の外交官が自分の妻に暴力をふるってカナダで逮捕されたという報道がありました。その外交官はあろうことか、妻に暴力をふるったことを「日本の文化の問題だ」と嘯いたとのことでした。みっともないですね。

❻ **強がりを言わない**

「そんなこと言われるなら、私はおりますよ」「なにも好き好んでしているわけではないですよ」

こういう強がった言い方は嫌な感じがしますね。相手に向かい、真摯な気持ちでしっかり受け止めましょう。

忠告の受け方ひとつで相手との人間関係も変わってきます。

忠告を受け止めることができれば、相手は「わかってくれた」と好感を持つでしょう。忠告を受け入れて改善し、結果が出れば、「あの人のおかげで今がある」と相手に対する気持ちが変わってくるでしょう。

良好な人間関係を継続するためにも、指摘されたことが事実であるなら誠実に受け止め、改善していくよう努力なさってください。

おわりに

いろいろお話ししてきました。話力は単なる話し方、聴き方ではなく、「人間の総合力」だということを本書でお伝えしてきたつもりです。

日常生活でも、仕事などの活動の場でも、長期的に、より良く過ごしていくには、小手先の話し方、聴き方だけでは足りないのです。

話し方、聴き方だけでは、必ずどこかで破綻します。己を十分に生かしていくためには、話し手として、あるいは聴き手としての自身の問題を考えなければなりません。

なぜなら、話す、聴くことを通して、自身の内面が周囲に伝わっていくからです。その人の温かみ、やさしさ、明るさ、楽しさ、誠実さ、まじめさ、内容的な重みや熱意です。

その人のこれまでの生き方が表れるのです。意識する、しないにかかわらず、自分がさらけ出されるのです。また、経験や努力が結実するのです。

私が理事長を務める話力総合研究所は、

『コミュニケーション能力を磨くための「話力理論」を広めること。そのために、話力理論を深める努力をすること。そして、自身の話力を実践を通して磨くこと。話力理論を伝える技術を磨くこと』をめざしています。

これを短く「話力を広め、話力を深め、話力を磨く」と表現しています。

私は著名人をはじめ、世の中で活躍されている多くの方の講演を聴いてきました。いくつも記憶に残る、印象的な話がありました。

20年前だったでしょうか、「夢を実現する力」というテーマで6回シリーズの講演会に聴衆として参加しました。

毎回著名な方が登壇されました。お天気キャスターの森田正光さんによる「気象データを10倍活用する方法」。

元内閣安全保障室長の佐々淳行さんによる「いざというときを想定し、どう対処するか」。

龍源寺住職の松原哲明さんによる「生きる力となることば」。

映画字幕翻訳者の戸田奈津子さんによる「映画、字幕、そして出会い」。

ジャーナリストの櫻井よしこさんによる「今こそ日本のあり方を考えるとき」。どれも今でも忘れられない、すばらしいお話でした。そして、この講演会の最後となる6回目。

期待しました。「誰がトリを務めるのだろう」そう思いました。

登山家の野口健さんによる「人生の分岐点」でした。

野口さんは当時29歳、私は正直「えっ、若い。90分の講演、500人の前で最後まで退屈させずに話せるのか⁉」と思ってしまいました。野口さんのことは、その昔「野口健、二十歳（はたち）。違いがわかる男のゴールドブレンド」というコマーシャルの一節で知っている程度でした。

野口さんは登山家として7大陸の最高峰を最年少登頂。その後、エベレストや富士山の清掃登山などの社会貢献活動を通じてご活躍です。

講演が始まりました。野口さんは淡々と話をします。あっけらかんと話しているといったほうがイメージに近いでしょうか。父は外交官、母はギリシャ人。

野口さんが思春期の多感な時期に、お母さんは他の男性と恋に落ち、家を出ていってしまいました。英国の学校の寄宿舎に入った野口さん。ことばがわからず、成績が良いはずはありません。家庭はそういう状況です。始終暴力沙汰を起こして、しまいには停学の処分を受けました。

失意の野口さんはお父さんから「健よ、俺には国家の仕事がある。お前は自分で生きていけ」と言われました。

彼は日本に戻り、思ったそうです。「落ちこぼれ、ふつふつと湧き上がるエネルギーを押さえられない。このままではだめになる。何かやらなきゃ！」

そんなとき、巡り合ったのが植村直己さんの著書『青春を山に賭けて』でした。これだと思い、日本山岳会の門をたたき、先輩たちの指導を受けながら登り続けました。何度も危ない思いをし、命を助けられながら、しだいに注目されるようになりました。コマーシャルにも出演しました。

そして、最年少登頂をめざしたエベレストで登頂を断念。

「怖い！　このまま続けたら死ぬ。もうやめよう」そう思いました。しかし、記者会見で、「最年少登頂は売名行為では？　本気で登る気がないのでは？」との記者の質問に反発。

「来年、必ず登る!!」

野口さん、内心は「しまった。余計なことを言ってしまった」と思ったそうです。しかし、初志貫徹し、翌年に当時の最年少登頂を果たしました。

「一歩の判断が生死を分ける」「多くの方の協力による清掃登山」

興味深い多くの事例。スリリングな展開。最後まで５００名の聴衆を惹きつけました。

聴かせ続けました。内容で、人柄で。野口さんの熱い心が伝わってきました。本当に感動しました。泣きました。私のこの気持ちを表す適当なことばが見当たりません。

感動したのは、野口さんが有名人だからですか？　普通の人にはできない特別のことを成し遂げたからですか？　否。それればかりではありません。挫折を克服して多くの人とかかわり、支えられ一生懸命生きてきた。そのことに共感し、涙したのです。

確かに「話の味は人の味」。

すばらしい、感動的な話は、聴くに値する価値ある内容を、それを話すにふさわしい人が、ふさわしい話し方で話したときに生まれます。その話に話し手の人生を感じます。まさに「話は人なり」です。

ですから、すばらしい話をするには、価値ある内容を持ち、それを話すにふさわしい人になり、ふさわしい話し方ができるように自分を磨くことが大切です。

話力磨きに終わりはありません。私の話力の師、永崎一則先生は96歳。先日、手紙とともに著書が送られてきました。リハビリの施設に入り、日々を過ごしていると、いろいろ感じることがある。そのことについてまとめてみたとのことでした。永崎先生の百数十冊目の本の最新刊です。いまだに継続して挑戦し続ける永崎先生の姿勢から多くのことを学んでいます。

話力磨きには、行動する勇気と実践が大切です。泳ぎを覚えるには泳がなければ覚えられません。通信教育だけでは泳げるようにはならないでしょう。話したり、聴いたり、人とかかわる機会を作ること。チャンスを逃がさないこと。チャンスから逃げないことです。

そして、いつものように無難にやっていては成長しません。一歩を踏み出す勇気を持ってください。

例えば、不得意な話にチャレンジする。同じ話ばかりせずに、幅を広げる。深める。そうすると、うまくいかないこともあるでしょう。失敗するかもしれない。失敗から学ぶことも大切です。失敗を恐れない勇気を持ちましょう。

「負けて覚える相撲かな」といいますね。「傷つかなければ気づかない」とも言います。

うまくいかなかったときこそ、レベルアップのチャンスです。反省を生かし、工夫してみましょう。

世界的な建築家の安藤忠雄さん。実は高卒です。独学で建築家になり、1997年には東大工学部建築学科の教授に就任されました。そして2001年に『連戦連敗』という著書を東大出版会から出されました。

安藤さんのキャリアに似合わない本のタイトルです。実は安藤さん、大規模な国際コンペに10年間連戦連敗だったそうです。その敗因を分析し、改善し、10年も挑戦し続けました。『連戦連敗』の原稿を書き終えようとしている、まさにそのときに連絡が入りました。パリ郊外セーヌ川スガン島の現代美術館で勝利したのです。

「継続は力なり」といいますが、ただぼんやりと継続しているだけではいけません。継続は「努力してこそ力なり」ですね。

そして継続は「成功するまで努力してこそ本当の意味がある」のではないでしょうか。

「井戸を掘るなら最後まで掘れ、水が出るまで掘れ」といいますね。

私は産業能率大学のマネジメントセミナー「人を動かす職場の話し方実践」を長年担当しています。2日間の日帰り講座です。定員15名で年に5回前後実施されるのですが、毎回ほぼ定員いっぱい、場合によっては定員オーバーになることもある人気の講座です。

講座2日目の最後に、締めくくりとして、受講生全員に感想を発表してもらいます。それぞれの参加者が心に響く感想をおっしゃいます。すべてを紹介するわけにはいきませんので、ある女性の参加者の感想を紹介します。

『私の職場には、挨拶しても返してくれない先輩がいます。何度してもダメです。数カ月続けてきましたが、だめでした。このごろはあきらめかけていました。しかし、このセミナーを受けて、挨拶の大切さを知りました。あらためて学びました。なによりも先生が必ず挨拶してくれました。

朝、初めて会ったときも「おはようございます」。昼休みに出かけるときも「いってらっしゃい。気をつけて」

教室に戻ってくると、「おかえりなさい」。私も職場で続けてみようと思いました。がんばってみようと思いました』

たいへん気持ちのこもった聴く側の心に響いてくる感想発表でした。

人の心をつかむ話をするには人を惹きつける魅力的な人にならなければなりません。「話は人なり」です。自分以上は出ないのです。話を良くすることは自分を良くすること。自分磨きを日々コツコツと継続してください。

本書を最後までお読みくださりありがとうございました。できればもう一度、最初からお読みくださると、新たな気づきがあるはずです。

さらに何度も読み返して、あなたの話力磨きに役立ててください。身につけた話力を錆びつかせず、生かし、さらに磨きをかけてください。

そして、さらに学びたい方は私どもの話力講座にいらしてください。話力を磨く仲間として共に歩んでいきましょう。

最後になりましたが、出版の機会を下さった現代書林の浅尾浩人さん、兒玉容子さんにはたいへんお世話になりました。心より御礼申し上げます。また、30年以上前に話力と出会い、話力を学び続けることができたからこそ今があります。

今なお健在の96歳、いまだに執筆活動を続けていらっしゃる話力の師、永崎一則先生、先生の教えがあってこその本書です。本書をささげ、深く感謝します。そして、共に話力を学ぶすべての仲間たちに「ありがとう」のことばを贈ります。

本書がコミュニケーションを磨こうと奮闘しているすべての皆さんにとって、今日から一生使える教科書であり続けることを願っています。

2021年10月

一般社団法人話力総合研究所　理事長　秋田義一

参考文献

『ビジネスマンのための話し方・聞き方ハンドブック』永崎一則・PHP研究所
『1週間で「話力」を磨く本』永崎一則・三笠書房
『話しベタはこわくない』天前輝正・PHP研究所
『思ったことの半分しか言えない人はこう話せ!』飯島孟・日本実業出版社
『定年を楽園にする仕事とお金の話』高伊茂・ぱる出版
『教師・SCのための学校で役立つ保護者面接のコツ』田村聡・遠見書房
『話力があなたの人生を変える』永崎一則・PHP研究所
『絶対に失敗しない人間関係の築きかた』永崎一則・三笠書房
『好かれる話し方嫌われる話し方』永崎一則・三笠書房
『ビジネスマンのためのスピーチハンドブック』永崎一則・PHP研究所
『ビジネスマンのための説得・忠告ハンドブック』永崎一則・PHP研究所
『人を動かす説得力』永崎一則・PHP研究所
『人をほめるコツ・叱るコツ』永崎一則・PHP研究所

『部下を動かすほめ方・叱り方』飯島孟・中央経済社
『ほめかたの研究』永崎一則・早稲田教育出版
『日本語の正しい使い方』永崎一則・ＰＨＰ研究所

一生《いっしょう》使《つか》える話《はな》し方《かた》の教科書《きょうかしょ》

2021年12月15日　初版第1刷

著　者 ———— 秋田義一《あきたよしかず》
発行者 ———— 松島一樹
発行所 ———— 現代書林
〒162-0053　東京都新宿区原町3-61　桂ビル
TEL／代表　03(3205)8384
振替00140-7-42905
http://www.gendaishorin.co.jp/

ブックデザイン+DTP ———— 吉崎広明(ベルソグラフィック)
カバー・本文イラスト ———— にしだきょうこ(ベルソグラフィック)
プロフィール写真 ———— スタジオads＜アドス＞
本文図版・章扉イラスト ———— Watercolortheme,yskiii,alphabe,alphabe
Zerkalov/shutterstock
編集協力 ———— 兒玉容子

印刷・製本　㈱シナノパブリッシングプレス
乱丁・落丁本はお取り替え致します。

定価はカバーに
表示してあります。

ISBN978-4-7745-1926-5 C0034